走在，沒人想去的地方

樹木希林離世前的最後採訪

樹木希林——著
石飛德樹－採訪　吳怡文－譯

この世を生き切る醍醐味

前言

來聊聊今天最想說的話吧

二〇一八年三月二十二日。為了接受朝日新聞連載單元「暢談人生禮物」的採訪，樹木希林女士來到位於東京築地的朝日新聞社。

大家一邊吃飯，一邊閒聊，愉快地進行了三個多小時的採訪。當採訪接近尾聲時，樹木女士從皮包中拿出兩張照片，擺在我們眼前。

之所以說「我們」，是因為現場除了我以外，還有ＮＨＫ的木寺一孝導演。他當時正為了製作樹木女士的節目進行貼身採訪，因此樹木女士希望他也在場。

現在，我想聊聊今天最想說的話。我在二〇〇四年罹患癌症，現在是二〇一八年，這張是二〇一六年十一月，我在醫院做PET拍下的照片。

所謂PET（Positron Emission Tomography），指的是正子斷層掃描。如果有癌細胞，就會顯現出黑色。樹木女士一直定期在鹿兒島的醫院接受放射線治療。而她拿出來的那兩張照片中，有一張到處都布滿黑點。

從二〇一六年十一月開始，我大概有一年多的時間沒去醫院。這個月五日，我相隔許久再去做PET時，拍出了另外這張照片。

和二〇一六年時拍的照片截然不同，現在全身都變黑了

也就是說，癌細胞已經全身蔓延。

——（木寺）怎麼會……

——啊……咦？

已經嚴重轉移了。負責做PET的醫師看了之後說：「哎呀，已經這麼嚴重了。」而幫我做放射線治療的醫師說：「用Pinpoint[1]已經無法治療了，剩下的就用化療吧！」但我已經不想再做治療了，只想和以前一樣繼續過日子。

——……

我問醫師：「照這個狀態我還能活多久。」他說：「嗯……大概就到今年底吧！」負責放射線的醫師也說：「應該活不到明年，說不定還會更快。」和居家醫療的醫師討論過後，他說：「看起來已經是末期了，我想妳光是像這樣講話，應該也很痛苦吧？」

——嗯……

我只能活到年底。就因為知道自己的期限，我今天才到這裡來。聽到這件事，如果你們

1 —指一種癌症局限性治療，包括手術、放射性治療等等。

完全不改變採訪的態度，那我可無法接受，就算完成採訪，也沒有任何意義。我已經把自己的身體狀況，坦白說得這麼清楚了，知道這件事之後，如果你們不去思考該觀察什麼，之後的採訪若無法更加深入，很抱歉，我真的無法接受。

——聽完這些，我嚇了一跳，完全說不出話來。……您現在說話沒有問題嗎？

不要緊！但我想提出一個問題：「看到這個，身為製作單位的你們想怎麼做？」我想若我沒有提供一些素材，沒有亮點，你們就無法做成《NHK特集》，不過我在意的是，今天我讓你們看到這個東西，身為製作單位的你們想怎麼做？

——我現在心情很激動。

前一陣子，我去上了《NHK特集》的〈人體：神祕的巨大網絡〉系列節目最後一集，主題是癌症治療。那時我相隔許久地興起了「做個檢查吧」的念頭，於是在上完節目後三天去醫院做了檢查，結果就像你們看到的這樣。節目在三月二十五日播出，我針對癌症聊了許多，當時不知道自己的情況已經這麼嚴重，說話時心情還非常輕鬆。

——原來如此，嗯……

所以，我想應該早點把這件事告訴石飛先生。

——我一定會認真採訪的。

連載是在五月刊出嗎？我應該還可以活到連載結束。石飛先生知道這件事後，報導的內容會有什麼改變嗎？木寺先生已貼身採訪我將近一年的時間，有沒有拍到什麼精彩的內容？我一直都很擔心，這樣的內容可以製作成《NHK特集》嗎？只要有這兩張PET片子，應該多少可以讓節目變得比較動人吧？我只能不斷說話，無法提供更新的素材。你們第一次聽到這件事，或許會覺得很意外，但說這些話我已經沒有任何感覺了，也不會感到驚嚇。針對這件事，我想聽聽兩位的想法。

——嗯……因為完全無法想像事情會這樣……

說得也是。

——我嚇了一跳。

很久以前我就說過癌症已經蔓延全身了，結果，還被人家說是假借死亡之名來騙人。

——嗯，確實曾有人這麼說。

可是，檢查結果都這麼清楚了，在這樣的狀態下活著，應該非常辛苦。之後，我還要為電影上映做宣傳，如果不透露一點現在的狀況，那就太無趣了。對於我這樣的狀態，你們有什麼想法？

——（木寺）我覺得不管是希林女士私下跟我講的事，還是在拍攝時說的話，在現今的社會中，都能啟發他人的人生。

嗯……但我傳遞了什麼訊息呢？

——（木寺）當然不是「一個電影演員的人生樣貌」，而是希林女士跟我的對話，這種兩人之間的關係，我希望可以從裡面尋找到某種通用的道理。

這樣的話，那我們可以再繼續採訪。

——在《仙人畫家：熊谷守一》（二〇一八年）這部電影中，有句台詞讓我非常感動。在電影最後，熊谷守一說：「我想活久一點，我喜歡活著。」我發現自己一直在寫報導，就是為了傳達「活著真是一件開心的事」這個訊息，我希望其他人也能這麼想。不知為何，剛剛樹木女士讓我們看PET的片子時，我心中那種感覺變得更強烈了，不知是否該稱這是樹木女士生活之道的樂趣。「不管你是否活得開心，都不該討厭人生。」我想寫出能夠傳遞這樣訊息的報導。

——我想把這個訊息傳遞給讀者，在樹木女士參與演出的電影或電視劇中，有些已經潛藏著這樣的訊息。

但也有很多不是這樣的作品。我之前在電視圈工作，隨後才慢慢開始轉移到電影上，到後期就只拍電影。

我現在心情非常平靜，已經開始和女兒一起收拾、處理最後事宜了。

——您的女兒也哉子小姐應該已經從英國回到日本了吧！

對啊，帶著我最小的孫子。

——我們也想聽聽您家人的故事。

沒問題。今天非常感謝你們，那就暫時先這樣，我先告辭了。

樹木女士的採訪一共進行了三次，上述記錄的是第一次採訪的最後片段。重新聆聽錄音時，我發現不管是NHK的木寺先生還是我，在聽到那令人震驚的告白後，完全說不出話來。我們兩人拚命的想找話說，卻完全不知道該說些什麼，陷入一陣語無倫次的狀態。木寺先生憑藉著當時受到的衝擊和體悟，製作出了《NHK特集——活出樹木希林》這個精彩節目，它並不只是表彰一位去世的知名演員，而是兩人發自內心，真誠面對彼此的呈現，是一部充滿新意的紀錄片。

我不確定本書會不會如同木寺先生的作品那般具有分量，但我可以確信的是，這是尚待成長的我卯足全力，從在人生最後階段願意接受採訪的樹木女士身上，努力挖掘到的珍貴話語。

目次
contents

前言—來聊聊今天最想說的話吧……3
1—我不記得自己曾「對抗病魔」……16
2—根據邀約順序和酬勞選擇工作……30
3—因為不是核心人物，所以經得起打擊……42
4—因為怕沒飯吃，決定靠房租過活……58
5—我發現自己說話惡毒，容易跟人發生爭執……71
6—雖然不脫也可以，但我卻說「我要脫」……81
7—外表看起來像奶奶，但內心有很深的欲望……102
8—不漂亮的人為什麼能夠拍得美……111

9—人都是為了玩而來到這世上……137
10—如果住在一起，就會變成老老照顧，這做不到吧……147
11—借助大家的力量養育孩子……163
12—我希望隨時保留一種危險的感覺……179
13—活到這把年紀，感覺好像是從場外看著自己……194
結語—人生至此，已然圓滿……211

—特別收錄—

內田也哉子談母親樹木希林

媽媽的離世是一份無可取代的禮物……221
與爸爸密切往來，整理遺物……226

在爸媽的喪禮上，致詞時費盡心思……228
說了也沒用的話就不用說了……231
媽媽喜歡多管閒事，而且情感豐富……235
有時會因為家人間的距離感而覺得寂寞……237
我的孫子討厭我呢……239
關於制服和便當……244
媽媽的教誨……246
如果父母都很極端，自己就會踩煞車……250
爸爸、媽媽和金錢……253
和爸媽三個人一起到歐洲旅行……255
向爸爸報告要與本木雅弘先生結婚……258
媽媽和本木先生的相處……262

曾經無法接受媽媽的婚姻觀和家庭觀……264
我能夠善用從爸媽身上承接的東西嗎……267
後記—結束樹木女士與也哉子小姐的採訪……269

01

我不記得自己曾「對抗病魔」

——您是在二〇〇四年第一次發現癌細胞嗎？

沒錯，我已經和癌症共處十四年了。到目前為止，我身體有三十個部位接受過治療。

——在二〇一三年的日本電影學院獎頒獎典禮上，您告訴大家癌細胞已經蔓延全身，但當時身體看起來非常健康。

因為我很會說話，所以還有人說「該不會是騙人的吧」、「是想假借死亡之名來進行詐騙吧」這類的話。

——您得了乳癌是嗎？

是的。因為右乳出現硬塊，我在二〇〇四年十月去了醫院。「醫師，這是癌症吧！」我直接這麼說。聽到我的話，醫師回答：「不，不是吧，不是癌症。應該只是一般的硬塊。」「不，一定是癌症。」我堅持。「那就檢查看看吧。」醫師說。

——竟然有這樣不可思議的對話？

嗯，檢查之後，醫生語帶佩服地說：「果然是癌症，妳真厲害。」就像這樣，告知罹癌的過程，並沒有什麼戲劇性的故事，在那個時候不是應該還會為了是否要告訴當事人而猶豫不決嗎？但我是自己說出：「這是癌症」，所以醫師告訴我時是說：「啊，真的是癌症。」事實上，我在被告知確定罹癌之前，都不是很在乎這件事，心情非常輕鬆。

——您已經動手術將右邊乳房全部切除了吧！

當時我問醫師：「要切除嗎？還是不需要？」醫師說：「要不要先做化療讓腫瘤縮小再切除……」我又問：「那之後呢？會怎麼樣？」醫生解釋了一堆我聽不懂的話。當時的癌症治療方式，大概就是手術、化療、放射線，以及其他我不是很瞭解的民間療法。但當下我心想，不如就把它割掉吧！於是直接跟醫師說：「請幫我切除。」

——手術算是成功了吧！

因為醫學的進步，手術是順利結束沒錯，不過，癌症治療的關鍵在手術之後。因為癌症是經年累月形成的，如果不改變過去的生活習慣，癌細胞會再度形成，從原來的部位復發甚至四處蔓延。

——從那個時候開始，一直到現在，您都在鹿兒島市的醫院接受放射線治療是嗎？

不隸屬於任何經紀公司，也沒有經紀人。「可以自己洽談片酬真是開心啊！」（照片來源：朝日新聞社）

發現癌症轉移時，因為沒有其他治療方法，我找到了可以幫我進行Pinpoint放射線治療的醫院。就這樣，感覺到現在為止，我又多活了十年。

——**治療過程辛苦嗎？**

我看過許多人因為化療，經過痛苦掙扎仍離開人世，也看過許多連家人也都目不忍睹，去世時反而覺得鬆一口氣的人。不過，託大家的福，我個人的生活品質倒是完全沒有受到影響。

——**那真是太好了。**

沒有痛苦這一點真的很棒。就算癌細胞消失，但身體其他部位垮了，也沒有意義。

——**確實是如此。**

人們都會說「對抗病魔」，但我從不記得自己曾「對抗病魔」，因為我不對抗。我的治療方式是一年去一次鹿兒島，接受放射線照射。穿著平常的衣服就可以接受照射，一天大概只要十分鐘，治療就結束了，沒有絲毫疼痛。因為劑量調得很低，副作用也很少，只是需要照射好幾天。

——原來如此。一次需要治療幾天呢？

一開始，我遵照醫生的囑咐，在鹿兒島住了一個月，接受溫和的放射線照射。不過，後來我拜託醫師：「可以在一個禮拜內完成治療嗎？……劑量高一點也無所謂，就算有一點燒焦也沒關係，我希望可以一個禮拜就回去。」醫生也說：「好。」

——是因為如果要花上一個月時間的話，會影響到工作吧？

可能的話，我希望可以邊工作邊接受治療。在鹿兒島，我必須去特定的地方接受治療，覺得有點膩了，也開始感到厭倦，慢慢變得貪心，想著「應該差不多了吧」！

——是最近開始有這種想法嗎？

過去一年半左右我什麼都沒做。之前每年會去一次，但後來覺得「應該差不多了」，我真的太天真了。

——您會不會覺得如果醫院在東京就好了？

很久以前，鹿兒島的醫師就跟我說過：「我想在東京也能進行這樣的治療。」當時我說：「不，醫生啊，如果到東京，很容易就能接受治療、照常生活……這麼一來，人們應該就不會改變了吧？像這樣大老遠跑來，因為沒事可幹，必須一直思考自己的事，誠實面對自己，這痛苦正好是重新檢視人生的機會，所以，最好不要選擇那種可以簡單治療的方式。」我這麼說，阻止了醫師的計畫。

——在電影《東京鐵塔：老媽和我，有時還有老爸》（二〇〇七年）中，樹木女士所飾演的母親，是因為癌症去世的吧？

沒錯，那個母親是因為癌症去世的。

——她似乎吃了很多苦。

因為她接受化療，不但身體垮了，也失去體力。我邊演那個角色時，邊想著：「沒錯，沒錯，就是會變成這樣」。

——那個角色是以作者中川雅也的母親為藍本所寫的，是個有點久遠的故事了。

嗯，所以治療時使用了大量的化療藥劑。

——應該是這樣沒錯。參與電影演出時，您的身體狀況如何？

應該是已經罹癌了。因為生病了，身體很不舒服，我說：「我不要再演電視劇了，請讓我拍電影就好」那個時候癌症好像發作了。

——自己罹患癌症，又飾演因癌症而備受煎熬的女性，您的心情如何？

我沒什麼感覺。因為我用的是不一樣的治療方式，所以沒有這樣的感受。不過，就像剛剛說的，我身邊有許多人因為接受治療而感到痛苦，當時我只覺得「啊，也有人是這樣去世的。」實在非常冷漠。不管是對自己的死、對他人的死，還是對父親、母親的死去，想的都是「嗯，已經不行了嗎？那就在這裡畫上句點吧！」真是非常無情。

——這種冷漠的個性是怎麼形成的呢？

關於這一點，我曾經和妹妹討論過。如果父母去世時是九十或一百歲，大家都會認為那是壽終正寢，但如果不到八十歲就去世，通常會很傷心而哭泣，對吧？我問妹妹：「但我完全沒哭，難道是因為我麻木不仁？」結果妹妹說：「我也沒哭呢！」我接著說：「這大概是我們家的遺傳吧！」我和妹妹都知道自己就是這樣的人。

——請問令尊和令堂是幾歲離世的呢？

兩個人都是七十四歲，我現在已經比他們多活一年了。

——說的也是，請問是哪一位先離開的呢？

我母親比較年長，所以她先走，因為胰臟癌。

——那令尊呢？

我父親是因為心臟出問題。

——前一陣子，樹木女士參與的《NHK特集 人體系列》節目中也有提到，日本人死因的前兩名就是癌症和心臟病。

是啊。不過，我現在覺得，他們兩位的生活習慣都有問題。一直持續那樣的生活方式，早晚會生病吧！

——他們過的是怎麼樣的生活呢？

哎，他們夫妻倆都是癮君子，還會躲著我抽煙。雖然嘴巴說著：「那傢伙太囉唆了，我們躲著她抽吧！」但煙灰缸卻擺在外頭沒收，馬上就被我發現了，就是這樣，他們並不是那種「安分過日子，但後來還是去世」的情況，我心裡的感覺是：「嗯……這也是沒辦法的事。」我果然是個無情的人啊！

——您罹患癌症已經十四年了，這段時間會不會覺得痛苦？

嗯……生病也是有它的好處。比方說，就算我拿到最佳演員獎，也不會被別人嫉妒，大家只會說：「那傢伙來日不多了，就讓她得獎吧！」這點還算不錯。

——哈哈哈……不過，您最近真的拿了很多獎呢！

該怎麼說呢，因為我生病了，所以不會被別人嫉妒。而且有的時候，就算我說錯話，我先生也是睜一隻眼閉一隻眼，感覺心裡想的是「沒辦法，因為她快死了」不是嗎？別人很容易就會覺得「雖然以前很討厭他，但她現在很痛苦，算了……。」這麼一想，我可說是占了便宜，罹患癌症還真的是賺到了，就像這樣，好事一籮筐呢！

——還有其他占便宜的地方嗎？

有啊！仔細一想，大家都特別寬容我。還有，我連吵架的力氣也沒了，變得非常謙卑。

——個性變得謙卑嗎？

我這樣說，大家一定會想吐我槽說：「沒這回事吧！」我年輕時，非常自以為是。

——一般來說，當經驗變得豐富之後，也會變得比較有自信。

我剛出道成為女演員時最自以為是。我當時總覺得「自己應該不用一直待在演藝圈這種地方。」甚至還會若無其事地說出足以讓對方一蹶不振的話。

——好可怕啊！

所以，生病真是件好事。因為再也沒有力氣做那樣事、說那樣的話。因為已經沒有體力，如果再這樣對待別人，絕對會累垮。所以，我現在已不會再朝著對方窮追猛打了。

——那確實還不錯（笑）。

健康的時候，我甚至還會拉著別人到危險的地方，要他們一起往下跳。換成現在如果再做一樣的事，就算對方爬了上來，我應該也會說：「我爬不上去了」，所以「跳下去之前會先想一想」。說到這個，養老孟司老師曾說：「我絕對不接受癌症檢查。」

——為什麼？

我問過他。他說：「癌症這東西，就算出現也會消失。……人體很多部位都會有癌，但上了年紀之後，就只有幾個地方的癌細胞會留下來。早期發現雖然值得開心，但如果放著不管，也可能會消失。」

——這想法挺有趣的。

他還說：「所以我現在會盡情做自己喜歡的事，討厭的事就不再做了。」他最討厭做的事就是當大學老師，所以，當《笨蛋的壁壘》熱賣時，他心想「以後應該可以靠這個吃飯」，接著就辭掉北里大學的教職。

02

根據邀約順序和酬勞選擇工作

因為罹癌，我決定不再拍電視劇，只拍電影。電視的工作步調快，容易疲勞，而且因為台詞多，無法好好展現演技。這樣的工作以前做很多，差不多該告一段落了。

——樹木女士從年輕時就拍了很多電影，對我來說印象最深刻的還是《時間到了唷》、《寺內貫太郎一家》、《夢千代日記》這些電視劇，以及富士軟片和易利氣磁力貼的廣告。

以前的電視節目品質很粗糙，卻自以為了不起。在市區拍攝外景時，明明就不是什麼像樣的作品，連我都可以演，卻「咚」地擺上巨大的攝影機，然後用強硬的語氣對著因購物而路過的行人叫罵：「這裡不能過！不能過！」

——不不不……怎麼能說不是什麼像樣的作品呢？

拍攝電視連續劇時，有時會發生和上個禮拜不連戲的情形。「咦？上個禮拜這裡不是有個神桌嗎？」我問。「喔，那個啊，不要了。」「什麼？上個禮拜那集不是拍好了嗎？那怎麼辦？」「別擔心，沒問題的。」一堆這樣的事，真的非常草率。

——一九七〇年代，樹木女士一連拍了《時間到了唷》、《寺內貫太郎一家》、《姆一族》等大受歡迎的電視連續劇，想必一定非常忙碌辛苦吧！

和TBS的久世光彥先生合作的那段期間，感覺就像走在時代尖端。當時我不僅認真彩排，演戲過程中有新發現時，身體也能立即做出反應，所以並不覺得辛苦。不拍久世先生的作品之後，就再也沒有背台詞的痛苦了。我們因為我的失言而分道揚鑣。

「年輕時，我非常厭惡演藝圈，但現在很喜歡，因為它就是人生的縮影啊！」（照片來源：朝日新聞社）

——您指的是在《姆一族》的殺青宴上，大爆久世先生的婚外情對吧？

沒錯，在那之後，我去拍了ＮＨＫ深町幸男先生執導的《夢千代日記》，做些比較安靜的工作。雖然早坂曉先生總是很晚才完成《夢千代日記》的劇本，但劇本來了之後，我馬上就能記住。我覺得，最辛苦的是拍攝《跳駒》這部晨間小說連續劇的時候。

——那是以日本報社第一位女記者磯村春子為藍本所撰寫，在一九八六年播出的電視劇，由齊藤由貴小姐飾演女主角。

由貴和渡邊謙在劇裡是一對夫妻，我是演由貴的媽媽。那劇本就像電話簿一樣厚，必須一口氣背下來，再一口氣說出來。所以，完全沒有時間展現演技，光是念台詞就已經筋疲力竭了。

——因為這齣戲一個禮拜播出六天，播出時間還長達半年。

沒想到，《跳駒》中的媽媽角色，讓我得到藝術選獎的文部大臣賞，想要靠演晨間連續劇的角色得到藝術選獎，難度非常高。

——的確如此！

撰寫劇本的寺內小春也表現得很好，我和她以及製作《阿信》的小林由紀子三人討論後決定「來演母親的角色吧！演出那個時代的母親，在現今的時代，已經沒有這樣的母親了。」由貴和阿謙演的是開創新時代的主角，而母親則展現傳統母親的形象，是照顧父親、侍奉婆婆，還要撫養孩子的女性。

——那是傳統母親的模範呢！

身為女性，我身上完全沒有那樣的特質，但我心裡覺得「這樣的女性非常有吸引力」，所以，才會接下那個角色。我經常跟劇作家和製作人討論，一邊想著「沒出息的兒子拋棄家人，說要到中國東北時，做母親的該怎麼辦？」一邊揣摩角色。該說它是理想母親的形象嗎，不，不是理想，我演的只是一個平凡母親的樣子。

——那齣晨間電視劇很受歡迎，觀眾的反應應該非常熱烈吧！

是啊，很多人寫信給我，大家都說：「劇中的母親和我的母親一模一樣。」那是許多人小時候眼中的母親，個性機靈，支撐著全家人的生活，很多人跟我說：「那個角色讓我想起了自己的母親。」

——這是您和小林製作人、寺內女士，三位女性聯手創造出來的。

那是在那個艱困的時代，犧牲自己、守護家人的女性。能夠將這樣的角色好好演出來，我覺得很有成就感。因為是每天早上播出，感覺就像看著自己的母親一樣，這就是小說連續劇的深奧趣味。

——確實如此。您是在幾歲時飾演那個角色？

大概四十出頭。

——您透過電視劇，以特別的角色成為家喻戶曉的人物，將工作重心轉移到電影後，演出的作品在國內外極受好評，自己也獲得最佳演員的獎項，昭和時代的奇特演員，成了平成時代的知名演員。

不，這只是我運氣好。我一向只根據邀約順序和酬勞來挑選工作。我對工作沒有特別的執著，從以前開始就是如此。

——完全看不出來。

這是真的，我從來沒有因為演員表的排名順位而抱怨過（笑）。就算自己的名字被漏掉，我大概也會覺得「幸好漏掉了」。

——聽說很多男演員非常在意自己在演員表中的出現順位。

ＮＨＫ曾經製作過一天只播出十五分鐘的連續劇。因為一次要拍一週的量，所以有時候，就算某一集的劇本，自己不用出現，也會在電視上稍微露個臉。有次，我的名字沒有被列在當集的演員表中，結果，一起看連續劇的江利知惠告訴我：「啊，妳的名字被漏掉了。」我說：「沒關係、沒關係，最好沒人發現。」但知惠小姐卻打電話到ＮＨＫ，想不到ＮＨＫ送來了一瓶白馬威士忌。我從來沒有收過ＮＨＫ送的東西，嚇了一跳。

——哈哈……因為收到高級威士忌，所以才記得這件事啊！不過，您說對工作沒有執著，實在叫人難以相信。這幾年，您參與了是枝裕和先生、原田真人先生，以及河瀨直美女士等優秀導演的作品。

那是我的幸運，真的非常感謝。我一直在拍電視劇，完全不知道哪位導演有才華。我從小就對電影沒有好印象，八歲時，父母帶我看的第一部電影是《不，我們要活下去》。

——那應該是今井正在一九五一年執導的社會寫實電影，片中真實的描繪了勞工窮困的生活，對小孩來說，可能有點難以理解。

就是啊，我還記得當時電影院非常擁擠，我們是把報紙鋪在地上，坐著看電影的，當然我完全看不懂。一九九一年，我參加《戰爭與青春》的演出，那是金井先生去世前所拍攝的一部描寫東京大轟炸的電影。當時我跟導演說：「我八歲時看了《不，我們要活下去》，從那時候開始，我以為電影都是長那樣。」

——那確實是一個心理陰影。

我一直很討厭難懂的電影。後來，我看了《吹笛童子》、《狸御殿》等幾部容易理解的時代劇後，對電影的感覺才稍微變好。所以，我從來沒有因為「想看某部電影」而到電影院去。之後，因為工作的需要，我才開始看一些電影。進入文學座[2]時，飾演《七武士》之一的宮口精二先生會和我們這些研究生[3]聊天，而年輕的山崎努先生在《天國與地獄》一片中飾演犯人，在觀看這些作品的過程中，我才瞭解，「啊，原來也有這麼精彩的電影。」

——您進入文學座時，正好是日本電影的黃金時期。

沒錯。文學座的前輩杉村春子女士當時也在，我曾經當過杉村女士的跟班，陪她前往松竹大船攝影所，那時研究生們會輪流跟隨。因為我還算機靈，腦筋也動得夠快，就是那種如果拿一百元要我去買東西，我買到的不僅物美價廉，還能找回正確的零錢。所以杉村小姐非常疼愛我，她說：「妳表現得還不錯，就固定當我的跟班吧！」當時，我陪她參與小津安二郎的《秋刀魚之味》拍攝工作。

——那是小津先生最後一部作品吧！好厲害，杉村女士在片中演的是經營中華炒麵店的東野英治郎先生的女兒。

沒錯，她演的是東野先生的女兒。東野先生和杉村女士的年齡應該差不多吧？

2 日本戲劇團體，其宗旨為尋求一條具藝術性、文學性，且為人們提供精神娛樂的戲劇之路。

3 即劇團的培訓人員。

——我查一下……喔，杉村女士還比東野先生大一歲呢！

我想也是。在電影裡，杉村小姐飾演一個已經過了適婚年齡卻還沒結婚的女子。某天拍攝的一場戲是，曾經在學校當過老師的東野先生把以前的學生笠智眾帶到店裡，收下門簾的杉村小姐突然將手帕折成四分之一，掩面哭泣。

——很傷感的一場戲。

不過，這場戲杉村小姐演了好幾次，小津先生一直說：「再一次」、「好，再來一次」，就是不說OK。小津先生在拍電影時，現場總是鴉雀無聲，雖然安靜，但空氣中卻瀰漫著一股緊張的氣氛。我雖然一直看著杉村小姐，卻不知道她到底哪裡演得不好、該怎麼演才好？就拿杉村小姐的哭泣方式來說，我完全不知道剛剛的哭法和現在的哭法有什麼不同。

——應該很痛苦吧！

因為我是早上六點從家裡出門就到現場去，所以肚子已經餓了。好不容易熬到中午，我的飢餓和不悅完全寫在臉上。後來，杉村小姐說：「想吃什麼?我請客。」我忘了當時吃了什麼，好像被請吃了炸蝦飯之類的。在拍攝現場，我總是想著：「到底在幹麼，怎麼不早點結束呢？」心裡也很自然的浮現出「電影真討厭」的念頭。這就是我對電影最初的印象。

——拍完《秋刀魚之味》後，小津先生在他六十歲生日那天去世了。

對啊，六十歲還很年輕呢!現在回想起來，真的是很寶貴的經驗，叫人心存感激。不過，我當時並不懂得珍惜，總覺得「為什麼這樣也要ＮＧ！」，看到製作完成的電影時，我甚至還在想「就是這裡!就是這裡！」

——不知道哪裡不一樣（笑）。

是啊，完全不知道！（笑）。

03 因為不是核心人物，所以經得起打擊

——樹木女士在東京出生，唸的是雜司谷小學對吧，當時是個怎麼樣的孩子呢？

瞭解我孩提時代的人，一定都會想：「那孩子成了女演員？怎麼可能！」因為小時候的我幾乎不開口說話。以《七個孫子》這齣連續劇在電視圈出道時，大家都說：「那孩子上電視了，我不相信！」因為大部分的人可能連我的聲音都沒聽過。

——真的嗎，您以前在學校很不起眼嗎？

對啊，我老是把手插在圍兜兜的口袋裡，從來都不是團體裡的核心人物，總是在角落安靜地觀察其他人。幼兒園的小孩拍團體照時，不是都會親密的聚在一起嗎？但我卻站得遠遠的，好像遭到排擠，完全無法進入中央的朋友圈。

——在知名演員的軼事中，經常聽他們說過，自己小時候很內向、害怕在人前說話，或是父母為此擔心而硬是把他們送進戲劇學校之類的事。

對啊，是有這樣的人，我懂那種感覺。

——相較於個性鮮明活躍的人，像樹木女士這樣的性格比較可能成為一名好演員，不是嗎？

可能因為我們總是在觀察身邊的人吧！而且，因為不是核心人物，所以經得起打擊。相較之下，在青春期時就成為偶像，飽受眾人注目的孩子，應該比較容易受到挫折。

——令尊是琵琶演奏家，令堂經營居酒屋來維持一家的生計，對吧？

「脖子長硬後，和父母的合照，照片中是身為工作者的母親和有著藝術家性格的父親。我從沒經歷過男人工作賺錢的家庭。」（照片來源：希林館）

我父親也很喜歡觀察，他經常跟我說，他對別人的言行舉止很感興趣。我母親經營的店位於橫濱一個叫野毛的地方，是間大眾居酒屋。父親完全沒有做生意的頭腦，只會彈琵琶，但他還是每天都到店裡去。

——關於令尊的故事，您還記得哪些？

他會告訴我店裡發生的事，如「今天某某人做了這件事……」之類的。野毛這地方現在似乎很吸引年輕人，但當時只是一個宛如回憶橫丁[4]般的骯髒街區，我們在那裡從一家很小的店開始做起。店裡的員工全都是因為沒地方睡覺，所以拿著包袱、穿著木屐，來到店裡請我們雇用的人。父親聽了他們的故事後，就會來告訴我。

——是什麼樣的故事呢？

4 指新宿西口的商店街。

他說過：「某某人昨天死了……大家趕過去之後，發現他手上握著馬票，像這樣倒在地上。後來發現那是一張中了獎的馬票，於是大家就用那筆獎金替他辦了喪事。真了不起，用馬票付自己的葬禮費用……」諸如此類的事，這些事聽起來很奇怪吧！

——哈哈哈（笑），太厲害了，觀察果然很重要。

我不知道是否重要，但很有趣！小時候被訓練出的習慣，通常會造成很大的影響。我甚至會放下自己的事，專注地觀察別人，因為我自己在別人眼中是不存在的。大約三年前，我和河瀨直美導演、多利安助川[5]三個人一起去多摩全生園這家痲瘋病院。

——那是在河瀨導演將多利安助川的原著《戀戀銅鑼燒》（二〇一五年）拍成電影時吧？

沒錯。我們搭電車從東村山的全生園回到新宿，多利安先生問我：「妳可以嗎？萬一被乘客發現，不會引起騷動嗎？」結果，河瀨小姐說：「沒問題的，因為希林女士會讓自己消失，好像不存在一樣。」「沒錯，我會讓自己消失。」我當時心想，河瀨小姐觀察得非常細微。

——好敏銳的觀察力啊！

我就是在孩提時學會這種讓自己消失的本事。我無法融入大家，有種不知不覺便脫離人群的感覺。我就是那種當老師「1、2、3、4」點名時，才發現「啊，原來妳在啊」。可能也是因為像我這樣的孩子，父母不好意思帶到外面所造成的影響。

——咦？沒這回事吧（笑）。

五歲時，我曾經從家裡二樓摔下來。我家的夾層有一個棉被間，當時我跨坐在棉被上玩，結果「咚」地掉下來了。可能是因為那時撞到了頭，從那天開始，我每晚都尿床，一直持續到小學四年級。不過，當時父母並沒有罵我。

5 — 日本作家、詩人、歌手，同時也是明治學院大學國際學院教授。

——您父母這種不責備的教育方式真的很棒。

才不是！因為他們都很忙，沒時間管教我。在那個時代，光是要活下來就筋疲力竭了。但也因為如此，我可以自由自在過日子。所以，尿床後我都自己曬棉被，真是又臭又冷啊！那時沒有塑膠這種方便的東西，他們不知道從哪裡找來油紙，我就鋪著那個睡覺。

——啊，是不是那種黃色、油亮亮的紙？

沒錯，稍微接近褐色，有股油紙傘的味道。以前的油紙傘都塗了一種類似柿漆的東西，睡覺的時候都會聞到那股味道。我家每天都會曬一條棉被，但當事人絲毫不覺得害臊，就連父母也不介意。

——說到這個，現在好像很少見了，但是以前經常可以看到屋外曬著正中央畫著世界地圖的棉被。

因為現在已經有了紙尿布這種好東西，如果還曬著棉被，肯定會在街頭巷尾到處流傳，引起騷動。但在過去沒有人會說三道四，大家都不在意。

——尿床的毛病後來就自然消失了嗎？

畢業旅行時真的很可憐，我父母請人幫我針灸。結果，可能是戳中了某個穴道吧，我突然就好了。

——哇，真有意思。

我在很多地方都提過，我唸的小學有個游泳池，但並不像現在的泳池那麼漂亮，就只是個用粗糙的水泥砌成，放滿水的池子而已，就在二宮金次郎銅像的旁邊。學校會在那裡舉行游泳大賽，所有人都必須參加。上了高年級後，有蛙式、自由式、仰式、蝶式等各種不同的項目，擅長游泳的孩子都會報名，不過，裡頭卻完全沒有我可以參加的項目，我雖然不會被淹死，也知道怎麼在大海中浮起來，但無法參加游泳比賽。只要一聽到「預備——砰！」，我馬上就變成最後一名。

我唸六年級時，有專為低年級生設計的「競走」項目，我說：「我要參加那個。」「競走」誰都會，所以上了六年級後，就再也沒有高年級生參加。我身邊全是個頭很小的一年級或二年級生，只有我一個人個子特別高。一聽到「預備——砰！」，我就「噠噠噠噠」地快速抵達終點，拿到冠軍。

大家可能都看不起我，不過，領獎品時，「競走」冠軍拿到的獎品和自由式冠軍一樣。那些遠比我會游泳的孩子應該是亞軍或季軍，但參加「競走」項目的我拿到了冠軍。當然，雖說是獎品，也不過是筆記本、鉛筆或橡皮擦之類的東西，但我拿的可是冠軍呢！而且其他人只得到鉛筆而已。當時，我身邊有兩、三個人開始說：「那傢伙，搞什麼鬼啊！」、「我們這麼拚命，獎品竟然是一樣的。」因為我不會回話，當時只保持沉默，但我卻因此稍稍感受到自己的存在。

——我懂那種感覺。

這個經驗讓我發現，自己屬於那種不喜歡和他人比較的個性，而且我也清楚知道「不比較也無所謂」，即便我不知道獎品是一樣的。參加運動會時，我總是拿最後一名，父親還跟我說：「啟子，妳好丟臉啊！」我總是一派懶散，完全不是那種動作敏捷的人。不過，我的腦袋並不差，我本來就不想和人家比較，也不遵循眾人的規範，現在回想起來，覺得非常慶幸。

——的確如此。對了，當時您住在什麼樣的屋子？

雜司谷二十坪大小的租賃土地上，一棟像鰻魚窩一樣的細長型屋宅。母親很能幹，她拜託木工搭造成兩層樓的建築。

——兩層樓建築嗎？那真的非常罕見。

是啊，那邊有雜司谷墓地，而且往池袋車站的路上，什麼都沒有。因為有墓地樹林，所有屋宅都是野火燒過後所搭建的臨時木板房，也有被空襲燒毀，殘留下來的屋宅，只有我家是兩層樓建築。從我家可以清楚看見池袋車站的西武百貨，當時的西武百貨好像是兩層樓建築。

——兩層樓的百貨公司，那跟希林女士的家一樣高呢！

當時連結池袋東口和西口的橋樑是用木板搭建的，行人走過時會有「叩達！叩達！」的木屐聲響。那種聲音的記憶真的非常有趣，到現在還留在我的腦海中。後來，百貨公司變成七層樓的建築，屋頂上有遊樂園，樓下有餐廳。母親帶我去時，我心裡非常感動，心想「這種地方，就跟夢境一樣」，直到現在我還記得那時的感受。

——沒錯，我小時候也曾有類似的經驗。現在的孩子從小什麼都有，所以沒有這種感動的心情，真不知道是誰比較幸福。

的確。

——我覺得他們真的很可憐。

因為沒餓過肚子，所以不曾有過這樣的心情。不過，挨餓的人也是很可憐。

——的確如此。不會講話的孩子從什麼時候開始變得喜歡說話呢？

從小學畢業，開始上女校時開始。

——您上的是哪間學校？

私立千代田女學園。以女校來說，是全國數一數二歷史悠久的學校。

——是什麼原因讓您變得喜歡說話？

當時我成績很好，所以唸的是完全中學[6]，學生有好幾百人。其中，在十個等級裡，位於八・五以上的人，稱為「優等生」，成績單會蓋上印章。我唸初中一年級時，我們當時稱為七年級生，而最高年級是十二年級生，在朝會上，校長說，這次從七年級到十二年級的全校學生中，「有兩名優等生」，我當時心想「哇，竟然有兩個」。

——其中一位就是樹木女士嗎？

沒錯，我回到自己的教室，拿了成績單後，打算直接回家，卻被老師叫住了。老師說：「妳的成績單上沒有蓋章嗎？」「蓋章？我不知道。」「我看一下。」「妳看，不是蓋在這裡嗎？」「咦？不是大家都有蓋嗎？」「不是，剛才校長說了，全校只有兩個人，妳是其中之一。」「哇。」

老師還接著對我說：「拿到這個章之後，容易變成視野狹隘的人，所以妳要讓自己心胸寬大，成為一個見識廣博的學生。」雖然當時我只簡單回答：「是！」但老師的話讓我印象深刻。可能就是因為會唸書，所以身邊的人才慢慢認同我。

——真有意思。

我雖然很會唸書，但那沒什麼了不起。以前那是間很好的學校，不過從我唸的時候開始，就變得有點奇怪了（笑）。從那時開始，我就變得很會說話，而且不知不覺變成了一個容易和人發生爭執的任性傢伙。可能是不說話的那段期間，累積太多能量。

——您在學校很用功嗎？

不，我很少唸書，因為我一直記得老師說的話，所以拚命地玩，當然並不是什麼踰矩的玩樂方式，至少在高中畢業之前都是如此。

——那個時候妳有喜歡的人嗎？

6 同時設有國中部和高中部的學校。

因為唸的是女校，所以曾經仰慕過老師。

——沒想過要上大學嗎？

我曾經想去唸藥科大學。

——咦？藥科大學嗎？

是的。我父親說：「像妳這樣任性的孩子，就算結婚應該也會馬上離婚吧！」、「妳最好考張證照，免得沒飯吃。當醫生很花錢，也要花很多時間，太辛苦了，不過，如果是藥劑師的話，老爸馬上可以幫妳開一家藥房。」

——原來如此，哈哈哈……

我父母很有遠見。在那之前，我完全沒想過要當女演員，只想著要去考藥科大學。不過，高二和高三的數學我完全不會，就算去考也考不上。後來因為某個原因，我沒去參加大學入學考試。

04

因為怕沒飯吃，決定靠房租過活

因為父親的話，我決定考藥科大學，我一共報考了四所學校。但因為數學實在太差，心想「應該沒希望了」，所以在二月即將應考前，跟著爸爸到夕張去。

——不想考試了嗎？

不是。雖然覺得「應該沒希望了」，但我心裡想的是「既然都已經報名了，就去考吧！」。當時，和爸爸一起彈琵琶的朋友在夕張擔任鐵道員，他說想去那裡玩，所以我就跟著去了。明明不去也可以，但因為我不想準備考試，所以就去了夕張。

——令尊是薩摩琵琶的演奏家吧？

沒錯。當時煤礦區後面有一個棄土堆，那邊有著大量的積雪。我去玩的時候，看到孩子們坐在板子上，「咻——」地滑著玩，就跟著他們一起玩，想不到屁股狠狠摔在地上，腳骨折了。我父親嚇了一跳，慌慌張張地搭飛機回到東京。

——哇！真是太慘了。

大概再十天左右就要考試了，但我短時間內完全無法動，就算腋下拄著拐杖也無法移動。我覺得這是最好的安排，所以放棄入學考試，連畢業典禮也無法參加。因為沒有參加入學考試，我沒地方可去，當同學都帶著耀眼的光芒，往人生的下一個階段邁進時，只有我無法出門，動也不能動，感覺就像自己被獨自拋下。那種疏離感，或者說是絕望感，我至今依舊無法忘懷。父母經營居酒屋，每天都有進帳，所以我不至於沒有錢可花，但沒有目標的生活，真的是痛苦極了。

「和岸部一德（左）待在兼作自宅的辦公室時，加藤治子小姐（右一）帶著山崎努先生（右二）過來，我們匆忙拍下這張照片。」（照片來源：希林館）

——但卻也因此出現了女演員這條路。

我大約有兩個月的時間完全沒出門。在那段期間，我每天都在閒晃。不過，它似乎也剛好成了人生轉換期所需要的時間。如果我沒有摔斷腿，可能會更悠閒。

——您是在什麼樣的機緣下，走上演員之路？

那時，我試著尋找學校之類可以每天去的地方。現在有很多這樣的地方，但當時一間都沒有，頂多就是裁縫或料理學校，而且也不是像現在那種時髦新穎的學校，所以我覺得「去那些地方好像也不太對勁兒」。後來我在報紙最下面看到一篇報導：「新劇[7]的三大劇團，過去因為戰爭而中斷招募研究生，如今將重新展開徵選活動。」

——是劇團民藝、俳優座和文學座這三個劇團吧！

7 ——相對於舊劇（指歌舞伎），是受歐洲近代戲劇影響的日本戲劇。

那則報導刊登在報紙的最下面，只有小小一塊。我心想：「不管進哪個劇團都行，我去試試吧！」於是索取了報名表，試著報考。民藝在青山、俳優座在六本木、文學座在信濃町。文學座的考試最早舉行，我只去了那裡就結束了。

——民藝和俳優座都沒有去嗎？

沒有。不過，我應該最適合文學座吧！如果進了民藝，可能投入社會運動，如果進了俳優座又會如何呢？可能會變得很愛講道理。我想文學座應該可以接受我這樣的人。所以說，夕張是一切的原點。

——真巧，上個禮拜我剛好去參加夕張國際奇幻電影節。

哇，真好，那個電影節從來沒有邀請過我。

——您真該去一次。

我是因為夕張才有機會成為演員，希望以後會有某個原因邀請我去。

——要不要明年去？

好啊！

——那我來建議電影節的主辦單位（笑）。樹木女士是文學座附屬戲劇研究所第一期的學生吧！同期的還有橋爪功先生、小川真由美女士和寺田農先生。

因為當時已經好幾年沒有招收研究生了，應徵者的年齡分布得非常廣，向上可延伸到三十歲，往下也有像我這麼小的，全部大約有一千人。

——哇！

考試會場是借用文化服裝學院的圓形校舍，一次考試約有兩百人參加。所有人都進入校舍後，再從兩百人中篩選出四十位。我照著「讀這本劇本」或「試著活動一下肢體」等指令來動作，並不會特別緊張。我是裡頭年紀最小的，當時有好多漂亮的女性來參加徵選。因為橋爪先生不曾待在這麼多漂亮女性的身旁，當時他還說：「香水的味道讓我感到輕飄飄的。」男性中也有很多帥哥，我那時心想「來到一個臥虎藏龍的地方了，我應該考不上吧！」

——應該不是因為長得好看而被錄取吧！

那個時候，想當女演員非得長得漂亮不可。不過，聽說新劇演員長得醜也無所謂（笑），如果不是這樣，我一定考不上。關於容貌，不管別人怎麼說，我都只會回一句：「這樣嗎？」心裡完全不在意。我覺得自己長得很普通，而且也沒有那麼厚臉皮，我知道我的外貌不是一般女演員該有的長相，所以沒有去應徵電影公司的新秀演員（笑）。

——沒有特別訓練演技卻可以考上，真的很厲害。

我覺得他們真的很大膽。進入文學座之後，印象中應該是長岡輝子女士吧！她曾經跟我說：「妳啊，就是因為耳朵好，所以才能進來」，她說我「不光是把自己的台詞背熟、唸出來，還會聽仔細聆聽別人的台詞。」

——您自己有發現嗎？

不，當時我並不知道，直到現在才恍然大悟。在很不擅長說話的小學時代，我就是靠著眼觀四面、耳聽八方而生存下來的。

——竟然有人看到您這個特質。

偷偷告訴你，不管是再怎麼笨拙的演員，只要戲演多了，都可以分辨出「這個年輕人有沒有發展的潛力」。當然，長岡女士是知名的演員，不過，即使是演技很差的人，還是能夠辨識出他人的天分。

——原來是這樣。

沒錯。可以分辨出一個人是否有發展的機會？是不是有天分？

——樹木女士那對於現在的年輕演員呢？

我可以分辨出年輕人的潛力。

——哇，太厲害，真的太厲害了。

我可以看出這個人將來沒什麼希望了，或是可以撐個四、五年之類的。

——實在太厲害了（笑），這算是一種什麼能力呢？

大家應該都有這種看清別人的能力吧！

——和您一起演出《仙人畫家：熊谷守一》這部電影的吹越滿女士就曾經說：「知道有機會和樹木演對手戲時，精神都來了。」

她說精神都來了嗎？哈哈哈……

——我當時覺得，這話說得真好（笑）。

哈哈哈……不管如何，聽了總是很讓人開心。

——認識樹木女士的人在聊到您的時候，形容的方式都非常有趣。

真的嗎？

——小林薰先生說……

他說什麼？

——現在已經沒有走這種路線的女演員了，不僅是現在，就連過去也沒有。能夠走在只有自己獨自一人的路上，真是太厲害了。

是這樣嗎？

——能夠走在沒人想去的地方，是一件無比堅強的事。

或許真的是這樣，但這件事並不會讓我感到孤獨。

——不會孤獨嗎？

因為我並非為了演戲而活。我覺得生活這檔事，只要靠房租收入就夠了。我因為喜歡不動產，所以買了些房子。因為知道自己動不動就會跟別人起爭執，有一天一定會因為被人討厭而遭到封殺、沒有飯吃。所以我才會想到「這樣的話，為了避免餓肚子，就靠房租來過活吧！」這就跟我的父母說：「如果你當上藥劑師，我就幫你開一家店」一樣，是最謹慎的作法。

——嗯嗯（笑）。聽了小林先生的話，確實會讓人懷疑到底還有誰能夠演出樹木女士所扮演的角色。

大家當然都可以演。

——是這樣嗎？

是這樣沒錯。

——不過，我想感覺應該會完全不同的。

是嗎？這我就不知道了。

——這一點我非常確定，而且，聽了樹木女士剛剛說的話，我完全可以理解小林先生話中的意思。

05

我發現自己說話惡毒，容易跟人發生爭執

——樹木女士進入文學座時，裡面的氣氛如何？

當時的老師有福田恆存、三島由紀夫、矢代靜一、製片松浦竹夫、法國文學家安堂信也等講師陣容非常堅強，演員有芥川比呂志先生、杉村春子女士、岸田今日子女士等人，而且，谷川俊太郎先生等許多活躍的文化人也經常出現。我是在一九六一年加入的，那年舉行了文學座創立二十五週年的宴會，當時我覺得「演藝圈實在太精彩了」。

——您當時心中有沒有產生「在這個華麗的演藝圈，為了不輸給其他人，一定要加倍努力」的心情。

沒有，我完全沒有爭取角色的欲望。在一堆俊男美女中，我年紀最小，當然不會有人注意到我。但我還是很臭屁，雖然只參加過學習成果發表會，卻認為「演戲一點都不好玩。」

——那的確是很臭屁（笑）。

我根本什麼都不懂。就算看過前輩演戲，也不覺得他們演得好。我們剛剛聊到，小津安二郎導演曾經讓杉村女士同一場戲演了好幾次，雖然導演喊：「卡」，但我卻完全不知道哪裡演得不好。

——在新劇的劇團中，演員之間似乎會熱烈討論演技。

我從菜鳥時期就開始參與會議，雖然大家經常聚在一起討論，但討論的內容非常無聊，一點內涵都沒有，只是一些情緒化的發言。大家很容易就會用像「意識形態」這類的專有名詞，本來只是在討論「我們追求的戲劇……」，到最後卻變成「你還年輕卻這麼狂妄！」這種一般的口角。

——哇，這的確就是人性，太有意思了。

就是啊！對方馬上就會說：「你這傢伙太讓人討厭了。」我想這樣的情形，應該不只劇團裡有，不管是過去還是現在，在所有領域都一樣。

——沒錯。就算看起來是用艱深的語詞在做專業討論，但說到底都只是跟自己是否合得來或嫉妒的問題而已。

有人會說出「那傢伙真討厭」之類的話，變成情緒性的互相仇視。我發現參加這種會議時，自己會不知不覺變得說話惡毒，很容易就和人發生爭執。那個時候，我完全沒想到之後自己會當了將近六十年的演員，因為當初並不是想當演員才進文學座，所以並不打算一直演下去。我也頂撞過杉村春子女士。

——連杉村女士都頂撞！為什麼會與她發生衝突呢？

有段時期，中生代的劇團成員全都離開了，只剩下資深演員和研究生。無可奈何之下，只好讓劇作家飯澤匡先生寫了所有人都可以上場的劇本。那是一齣由杉村女士主演的舞台劇，劇名我忘記了，總之，在那齣戲中，包括我在內的年輕研究生全都上場了。除了我之外，也有一些不知天高地厚的研究生一直抱怨著：「實在不想參加這樣的演出」。杉村女士聽到後斥責大家：「你們真是太狂妄了，總之，照老師說的去做就對了。」於是，大家便裝出一副做錯事的樣子。

——咦，所以頂撞的人不是樹木女士嗎？

還沒講到我的部分呢！你再繼續聽下去。杉村女士演的是一位有錢人家的太太，而我們

「我、森繁久彌先生（左）和製片深町幸男先生。當時正在稱讚森繁久彌先生好有氣勢。」（照片來源：希林館）

的角色是為了爭奪她的遺產而聚集過來的人。戲中有一幕是那位太太因為某件令人開心的事，一邊唱著：「天氣真好啊」，一邊走下樓梯，而所有人也一起走下舞台。當杉村女士邊唱歌邊下樓時，有一台嬰兒車還留在舞台上。導演問我們：「有沒有人可以一邊推著嬰兒車，一邊走下舞台。」結果，大家紛紛找藉口拒絕。

於是我就說：「讓杉村小姐來推不就好了嗎？」杉村小姐說：「為什麼要由我這個當主人的來推嬰兒車。」我回嘴說：「做些平常都是由女僕來做的事，看起來會更搶眼，精神奕奕地推著嬰兒車，感覺應該很不錯吧！」直到今天，我依然覺得那個作法比較好。結果杉村小姐罵我：「妳要說這話，再等個十年吧！」

——不虧是樹木女士，那種話很難說出口。

現在回想起來，確實是早了十年，甚至是二十年。起先我會保持沉默，不過，一旦開始說話，就是不斷批評別人，把心裡想的事一股腦的全說了出來。

——把心裡想的全說出來……

全部說出來了。年紀還小時，雖然心裡想著，卻沒有說出口。沒錯，就是這樣。劇團公演時，有一齣三個人的戲，高橋幸治先生、村松英子女士都參與演出，因為還缺一個人，所以我也加入了。舞台上放著一張很長的桌子，一頭坐著高橋先生，另一頭坐著村松女士，我則坐在中間，我演的是一個馬上就死掉的奶奶。

——那麼年輕就演奶奶？

對啊，當時大概是十八、九歲吧！我演一個坐著輪椅的奶奶。不過，小道具什麼的，就只能拿劇團現有的湊合著用，假髮也不合我的頭型，就像是把假髮直接套在黑色的真髮上，露出黑色真髮的地方，再以化妝用的油彩塗上顏色。

——這讓我想起了《寺內貫太郎一家》和《任性天使》中的奶奶。

嗯，在那之前我就開始演奶奶了。那是高橋先生因為在NHK大河劇《太閤記》中飾演織田信長而走紅之前的事，我永遠都不會忘記他的台詞：「媽，您覺得我們的第一次聖誕節大餐如何吶？」高橋先生用新瀉口音說著這句台詞。他雖然長得很俊美，卻一點都不像外國人。特別是「吶」這個介於「呢」和「啊」之間、帶有新瀉地區的腔調，而且，每一句台詞都唸得太過用力。導演說：「高橋，『吶』這個字只是個語氣詞，不用說得那麼明顯，自然一點就好。」雖然高橋嘴上說：「好，我知道了」，但還是NG了很多次，最後導演只好說：「好，就這樣吧！」

我在劇中有句台詞是「各位，再見了」，雖然演的是奶奶，但我認為不必啞著聲音來說台詞。因為我母親以前開店時，有幾個婆婆會來幫忙看顧我們這些孩子，其中有一位婆婆的聲音很高，也很特別，所以我也用著很高的音調說：「各位，再見了。」然後坐著輪椅下台。結果，導演說：「那孩子演得最好」，這樣的舞台就是我演技的開端。

——您就是因為這樣才變得自以為是吧！（笑）。

沒錯，所以當我開始進入電視圈，和森繁久彌先生合作演出時，我並沒有因為知名演員的演技而受到震撼，心裡只覺得：「啊，真有意思」。

——你們第一次合作是在《七個孫子》這齣戲。那是一部以由森繁先生飾演，以出生於明治時期的祖父為核心的家庭劇，在一九六四年的一月到七月之間播出，後來又拍了續集，樹木女士演的是個傭人吧！

是的！我是中途才加入演出的。因為有人說：「沒有傭人實在很不方便，誰來演一下吧！」才找我去演。並不是我自己想演，也不是因為受到邀請才參加演出的，但我並沒有因此而不開心或有其他感覺，反而認為自己若真的是受邀演出，那才真的是丟臉。所以，從年輕時開始，不管是電視或廣告，我什麼都拍。從別人告訴我：「演舞台劇的是一流演員，拍電影的是二流演員，拍電視的是三流演員，拍廣告的是四流演員」的時候開始，我就什麼工作都接，因為我從二十幾歲開始就必須付房貸。

——我還以為菜鳥演員都很窮呢！（笑）

一想到可以償還大筆貸款，不管是什麼工作，我都會說：「好的，沒問題。」因為我的父母喜歡不動產，也就是所謂的「購屋狂」，所以我也變成這樣子。

——您如何發現森繁先生的功力呢？

我每天都會和森繁先生碰面，慢慢的，我發現他看人的眼光非常精準，如果不是因為拍《七個孫子》而認識森繁先生，就沒有今天的我了。

06

雖然不脫也可以，但我卻說「我要脫」

不管是電視或廣告，我幾乎什麼都拍。最近，我因為筆會的事和中村敦夫先生碰面時，他跟我說：「妳真是一個奇怪的演員。」又說：「我實在搞不懂妳。」

——真有趣，您是什麼時候跟中村先生合作的呢？

應該是拍電視劇《木枯紋次郎》的時候，那是市川崑執導的電視劇，我只演了一場戲。敦夫先生說，當時他心裡認為：「市川先生找她來演，這個人身上肯定有某種特質。」當時的我已經踏入電視圈，什麼工作都接。不管是只有一場戲，還是其他狀況，我都會接下工作。

——從六十到七十年代，樹木女士經常出現在電視節目和電影中，我甚至想：「這個人到底有幾個分身？」

但有趣的是，不管出現的場次有多少，片酬全都一樣。

——哦，真的嗎？

如果演的是主角，當然就不同了。但像我這樣的演員，每種工作的片酬都一樣。所以，出現場次少的工作，反而比較好賺。

——原來是這樣，我現在才知道。

所以，拍《木枯紋次郎》時，雖然我只有一場戲，還是很甘願的到京都去。但也因為我接了很多工作，有時會完全忘記演了什麼。我還曾經問過敦夫先生：「我演的是哪一場呢？」

——是哪一場戲呢？

是紋次郎投宿在旅店的一場戲。我是旅店的女服務生，我對著紋次郎說：「來了」，接著邊幫他盛飯，邊打哈欠。敦夫先生似乎在想，真是個奇怪的演員。

——真的很奇怪（笑），為什麼要打哈欠呢？

敦夫先生跟我說這件事之後，我才發現那樣做是正確的。木枯紋次郎又不是什麼美男子，連露宿在外也無所謂，肯定是個骯髒的男人。對方是這樣的男人，女方在盛飯時一邊打哈欠，應該也很正常吧！

——原來如此，這麼說也沒錯。

「一九八〇年代，和坂東玉三郎先生的合照。之後，我在玉三郎先生執導的電影《夢之女》（一九九三年）中演出。」（照片來源：希林館）

聽了敦夫先生的話之後，我想「我是這麼演的嗎？原來我演得這麼精彩」。因為我很自然地跟別人說了這些像是在自賣自誇的事，大家都不以為然。你不覺得這演技還不錯嗎？

——的確很不錯。

但我將這事忘得一乾二淨。

——哇，即使有人跟您說，您也想不起來嗎？

嗯（笑）。不過，我到現在還記得，敦夫先生看著我的時候，心裡似乎想著：「真是個奇怪的演員！」。

——劇本應該沒寫要打哈欠吧？

當然沒寫。

——市川導演也沒有下這個指令吧！

對啊。他有點佩服我竟然這樣演，覺得一定是有許多經歷，才能有這樣的表現。

——似乎可以從這件事窺見樹木女士的表演技巧，您如何學會這些的呢？

應該是向森繁先生學的吧！

——森繁先生嗎？

嗯，應該是和森繁先生合作時學到的。

——很有可能。

森繁先生觀察人時真的非常敏銳。我們每天都會在拍攝現場碰面，他會跟我說「昨天發生了這件事」、「發生了那件事」，真的非常有趣。森繁先生一直在觀察、聆聽身旁人在做的事情，然後，從那個人的悲傷中找出奇特的地方。有一次他說：「昨天回家路上，我搭的汽車撞上一個騎腳踏車的男人，雖然不是我開的車，但我還是馬上衝下車，問他：『你還好嗎？有沒有受傷？』那個騎腳踏車的男人是個上了年紀的爺爺，因為身體很多地方都被撞到了，應該非常痛才是，但他卻一邊摸著腳踏車，一邊說：『我昨天才買的……』」

——爺爺第一句說的話，竟然是擔心他的腳踏車（笑）。

森繁先生說：「啊，這樣啊，真是不好意思。」我想他應該有賠償對方。森繁先生跟我們說：「因為我看他身上有淤青，所以才問他：『有沒有受傷』，想不到對方卻是先摸著腳踏車說：『昨天才買的』。」看到這樣的事，他會發現當中奇特之處，然後跟大家分享。有很多諸如此類的事，我覺得很有趣。他會仔細觀察身邊的人，我自己也很喜歡做同樣的事。

——令尊也很喜歡觀察別人吧！

是啊，看著森繁先生的觀察力和父親的行為，我知道什麼樣的事是有趣的。

——您曾在澤田研二先生第一次正式主演的電影《炎的肖像》（一九七四年）中參與演出對吧？

我在裡面演什麼角色？

——澤田先生中途停留的路邊餐廳裡的大嬸。

嗯……我忘了自己演過這部片呢！

——這樣啊，那麼，您記得澤田幸弘導演執導的《再見了，好兄弟》（一九七四年）這部電影嗎？

啊，那部我記得。

——太好了（笑）。

因為那部電影是松田優作主演的。他是我在文學座的後輩，他和阿健演得一模一樣。

——您指的是荻原健一先生吧！在《向太陽怒吼》這部片子中，當小健飾演的通心粉刑警死掉後，松田接演了牛仔褲刑警，在當時非常受歡迎。

優作參與演出時，我覺得模仿的演技是行不通的。因為他演的完全就是阿健的感覺，我心想：「啊，這樣不行，不可以模仿別人」，所以開始注意到他。因為有點擔心，一直看著他，所以特別記得那部電影。

——可能是因為承接了通心粉的人氣，所以大家期待他演出阿健的風格。

嗯，優作本人說話時也跟阿健非常像。

——《再見了，好兄弟》是一部非常好看的電影。一個剛出獄的年輕人找控制離家出走女孩的壞蛋吵架，有點像是動作喜劇片。樹木女士演的是優作的姐姐吧！

沒錯，片中有一場戲是我當著回到家的弟弟面前換衣服。雖然不脫好像也可以，但我卻說：「我要脫」。簡單來說，我想演一個可以若無其事在弟弟面前換衣服的姐姐。因為這個年輕人就是在這種不講禮數的家庭中長大的，基於這樣的想法，我才說：「我要直接換衣服」。雖然沒人阻止我，但也沒人要求我這樣做，就只是我自己想這樣演。很怪吧？現在想起來還是很怪。明明沒有人問我：「能不能脫？」實際上也不需要脫。

——雖然是背對著弟弟，但還是脫光了吧？

嗯，脫掉之後再換上衣服。我完全不在意這些事，而且還故意只穿一條內褲，在弟弟面前走動，那是為了突顯在不講禮數的家庭中長大的弟弟，才這麼做，但沒有人理解

（笑），他們應該只覺得「有個傢伙擅自把衣服脫了。」

——真的嗎？因為姐姐換衣服那場戲在電影的開頭，我看電影時，覺得那種粗魯無禮的感覺，營造了整部電影的氣氛。

是這樣嗎？我沒有看。對於那些自己只是客串片段的電影，我沒有每一部都看。

——這樣啊（笑）。您不在乎自己在電影中的樣子嗎？

完全不在乎。如果我在意的話，就不會在拍那場戲時說「我要脫」了。

——不過，看電影的時候還是嚇了一跳，因為您突然就把衣服脫了（笑）。

就是啊！

——最近，您在是枝裕和導演的《小偷家族》（二〇一八年）中，也很大膽地把衣服脫了（笑），聽說那也是您自己要脫的。

雖然脫了，但裡面穿很多，只脫了裙子，那不算脫。

——不過，可以感受到那股宛如果決精神的共通性，您會思考，如果是這樣的角色，會做出什麼事吧？

沒錯。這個角色為什麼會變成這樣？這個角色應該是在這樣的環境長大的……我一直在思考這些事。

——這點從年輕時開始就一點也沒變呢！

就是啊，一直沒變，這完全是受到森繁先生的影響。

——真的嗎？

如果一直待在文學座，可能就不會這樣思考了。

——原來如此。不過，和森繁先生演對手戲的人非常多，但像樹木女士一樣，表現出被受影響的人，似乎沒有那麼多。

這我不確定……我想應該是這樣吧，我和森繁先生合演的《七個孫子》是一齣家庭劇，好看的家庭劇通常都是由日常生活的細節累積而成。森繁先生在日常生活中經常觀察別人，並將觀察的心得運用在演技當中。因為他觀察的人，形形色色，所以總有一些讓人意外的行為。

——嗯，沒錯。

將觀察到的事物透過自己的肉體表現出來，會變得非常有趣。因為森繁先生都是這樣演戲的，所以我也想「以這樣的表演方式來回應」，想不到，森繁先生也很配合這樣的方式。「好，那我們就這樣演吧」，我和森繁先生所演的對手戲非常受歡迎，戲分也慢慢增加。

——您在森繁先生展現出令人意外的表演方式時，也會以此回應吧！

是啊！每天都是這樣，按照自己的感受來演戲。

——您的意思是不照劇本演嗎？

當然，我們也會照著劇本演，不過，當我與預期不同的方法來演出時，森繁先生也覺得很有趣，後來他非常疼愛我，他總是用「那孩子、那孩子」來稱呼我。之後，當TBS電視台計畫籌拍《七個孫子》的續集時，森繁先生說：「我的條件是，那孩子也一定要演，如果沒有那孩子，我就不演了。」事實上，一開始電視台覺得誰來演都可以，所以才找了我，後來我演出的機會就逐漸增加了。

——但酬勞和以前一樣（笑）。

就是啊，拍到後半段時，我實在是累壞了。因為不只和森繁先生演對手戲，我也必須經常出現在別場戲中，結果常常拍到半夜，回家時天都亮了，我覺得非常厭煩。所以，當他們來找我拍續集時，我說：「我不想拍了，不拍！」

——那糟糕了（笑），續集拍不了了。

結果，TBS電視台的台長帶著伴手禮，跑來文學座來。他說：「求求你們，請讓那孩子繼續演出續集。」但我說：「不要。」後來，文學座的經紀人非常苦惱，他問我：「對方已經那麼低聲下氣了，妳為什麼這麼不想拍呢？」我說：「因為不划算啊！」

——您希望可以提高片酬？

那時候，我就已經開始針對片酬討價還價的說：「不划算。」為什麼說不划算？我拍

《七個孫子》的片酬是一集五千日圓，但其中有一成要繳稅，三成會被文學座拿走，所以我只能得到三千日圓。如果一個月以四週來計算，月薪才一萬兩千日圓。嗯……雖然酬勞看似比上班族高，但工作時間非常長。

——您的意思是，如果換算成時薪，酬勞非常低，完全不划算的意思嗎？

對啊！女校畢業後，我沒有上大學，馬上就進了文學座，雖然這是我自己選擇的道路，但我還是會像這樣擺臭臉。後來，TBS的台長便說：「我知道了，那我們把妳的酬勞加倍。」

——咦？突然變成兩倍嗎？太厲害了！

我問說：「真的嗎？」文學座的經紀人還回我：「妳啊，就連森繁先生的片酬也只提高百分之五十，對方說要將妳的片酬加倍，妳非演不可。」我聽了之後馬上回答：「我知道了，那我就演吧！」

——《七個孫子》的續集，森繁先生也只提高百分之五十，而您的片酬是加倍的，這下就值得好好努力了。

才沒這回事。這是有陷阱的，但我腦子不好，馬上就上當了。我上一部戲的片酬是一部五千日圓對吧？但我後來聽說，森繁先生一集的片酬是八十萬日圓，增加百分之五十後，一集變成一百二十萬日圓，我增加一倍之後，才一萬日圓。知道這件事時，我非常沮喪。

——原來如此，樹木女士唸女校時數學很差吧（笑）？

真的。像這種片酬的事，就算是現在，我也記不清詳細數字，我連自己演過的戲也全忘光了（笑）。不過，聽到繁森先生提高後的片酬，我倒是連現場的氣氛，甚至是經紀人說話時臉上的表情，都記得一清二楚。結果我竟然還在腦中想著：「嗯，我比森繁先生厲害呢！」然後高興的接下演出，真是笨啊……

——一九六〇年代中期的一百二十萬日圓，是很大的一筆錢呢！

這就是森繁先生價值的證明啊！若換算成金錢，應該就很清楚了。當時，要請電影明星來拍攝電視劇，是很不容易的一件事，感覺就像天皇蒞臨一樣。

——這是森繁先生第一次演電視劇嗎？

這應該是他第一次在電視連續劇中擔任主角吧！拍攝《七個孫子》時，久世先生、向田邦子女士和我都還沒沒無聞，在《時間到了唷》中，主要演員都是當時ＴＢＳ常合作的明星演員，所以久世先生選了我、川口晶和堺正章三個人飾演澡堂的員工。

——樹木女士、久世先生、向田女士三人是一九七〇年代家庭劇的先鋒呢！

久世先生每次都會拿著劇本告訴我們三個人：「這裡是廣告……在廣告開始之前，你們三個人要延續戲裡的熱鬧氣氛。」在下一次廣告之前也是我們三人，下下次也是，再下一次也是，久世先生會不管劇情發展地隨意插入我們三個人的戲。

那個時候，我們必須仔細閱讀主場戲，如果不看清楚戲的前後脈絡，會變得很突兀，主場戲也會被破壞。演的時候必須考慮各種狀況，比方說：「以買完東西回家後的感覺出現。」所以，很自然地就會深入閱讀劇本。新劇本來就是從閱讀劇本開始，但所謂閱讀劇本，指的是讀了之後，瞭解其中涵義，仔細思考自己的定位，這種閱讀劇本的方式，不管什麼演員都可以做到「在那個時候，我做了這件事。」但文學座讓我學會要當場把那個角色的意義發揮出來，而不是單純因為時間到了，所以要出現在鏡頭前。在出現之前，就要先賣力一陣子，然後再離開鏡頭，進入廣告。久世先生、堺正章和小晶都很認真，小晶因為結婚而不再演出後，就由美代子接替她。

——淺田美代子小姐也表現得很精彩。雖然不知道那是演技，還是本性，真的非常有趣。

沒錯，就是這樣。我們會仔細思考，演戲時是否做假，心情是否有絲毫勉強。因為堺正章來自音樂圈，反應十分新鮮，還有我，以及不是很瞭解戲劇，「都是用心情在演」的美代子小姐。久世先生經常說：「跌倒的時候必須是真的跌倒」、「不用跌得那麼漂亮，因為真的很痛，要跌出很痛的樣子」、「從樓梯上摔下來」大家都很認真的照著他的話來做，這麼做有一種認真的趣味。

——現在回想起來，久世先生真的很擅長製造笑點。

久世先生的笑點都是發自內心的。比方說，有一場戲是我、堺正章和淺田美代子三個人一起大口吃著剩下的飯。我說：「再幫我添一碗。」美代子小姐回答：「好。」但她幫我盛飯時，是「咚」地丟來一坨白飯，我再用飯碗去接，就是會有這樣的笑點。堺正章丟得非常準。

久世先生說：「丟的時候，不是『要過去了喔』這種全神貫注的丟法。」接的人也一樣，必須一邊做著其他事，比如看報紙，同時若無其事地接住那坨飯。然後，嘴裡說著「太少了一點吧」，再「咚」地把飯丟回去。接住飯的美代子說：「真囉唆，那這樣可以嗎？」又把飯丟出去。要像平常生活一樣，一邊做著其他的事，同時很自然地發現另外一件事。對久世先生來說，很重要的一點是：「不可以刻意搞笑」，而且，要用長鏡頭來拍攝。

——嗯，換句話說，要讓丟的人和接的人出現在同一個畫面中，那真的很不容易。

沒錯，要完全沒有中斷地拍下這樣的互動。從丟出去到接住一鏡到底。如果丟出去了，先「卡」一次，接到了再「卡」一次，那就非常好拍了。因為丟的時候，可以往任何一個方向丟，接的人也可以請對方在很靠近的地方丟。

——哇，這根本是專業落語表演者的境界了。

07

外表看起來像奶奶，但內心有很深的欲望

——一九七四年開始播放的電視劇《寺內貫太郎一家》中，三十一歲的樹木女士飾演的是貫太郎（小林亞星）的母親，那個角色的年齡比您的實際年齡大了四十歲吧！

我褪掉頭髮的顏色，聲音也改變了，把外表弄得跟個老太婆一樣。不過，我內心並沒有飾演奶奶的感覺，即使裝扮是，但三十一歲的我就這麼直接演了，連皺紋都沒有畫太多，只是加上一點斑，弄成白頭髮，背上再塞個東西。就算外表像，但是內心有很深的欲望，看到漂亮的人會崇拜、流淚。表演時，我會盡量忠於自己當時的心情。

——也就是說，您當時並不是戴假髮。

嗯，因為戴上假髮感覺會很假。不過，身邊的每一個演員演的都是和自己實際年齡相仿的角色，真的是那個年紀的人，只有我是演出來的，而且不管怎麼樣就是要我演出那個樣子，真的是在蠻幹呢（笑）。因為只有我是裝的，至少頭髮要用真的吧！

——也是。如果樹木女士現在再次飾演寺內金，會怎麼演呢？

首先，動作不會那麼靈巧，這一點會有很大的不同。我當時以為演奶奶不太需要活動，應該很輕鬆，所以才演。結果完全不是這樣，每一集都有很激烈的動作。

——以那身裝扮快速行動，真的很有趣。若是年長的演員來演，應該很辛苦（笑）。

例如我住的房間和全家人住的正房有一段距離，兩邊用活動橋樑相連。當我過橋後，橋樑就會升起，沒人可以進入我的房間。而且，只有我要過橋時，橋樑才會降下。劇中有一幕是，我以為橋樑已經降下，跑了出去，但並沒有，我整個人「砰」地跌在地上。那時久世先生說：「不要馬上掉下來，要稍微在空中划個兩下再摔下來。」

——哈哈哈，就是沒發現橋樑沒有降下，一時之間還在走路這個笑點。

漫畫中不是經常出現這樣的情景嗎？「咻——」地跑出去之後，久世先生說：「在空中多停留一會兒，再多走兩步。」

——真是強人所難啊！

沒錯，非常強人所難。不過，用這種心情去演所營造出的滑稽感，和漫不經心地跑出去，然後「咚！」地直接摔在地上，截然不同。

——說得也是，因為跑出去的瞬間，那個人並沒有發現橋樑已經升起，不過，演員也必須演出沒有發現的樣子才行。

對，久世先生就是要拍出這種感覺。

——嗯，可以理解。

所以，笑點這東西需要真實感，還是要有真正的情緒才能表現出來。演我孫子的西城秀樹還拍到骨折，就是要做到這種程度。

——在《寺內貫太郎一家》中，小林亞星先生和西城先生吵架的那場戲後來成了亮點。就像「漂流者」[8]的搞笑短劇一樣，連和室拉門都拆下來了，家裡變得一團亂。

那場戲結束是因為秀樹拍到骨折了。所以下一個鏡頭秀樹手上裹著石膏，吊掛在脖子上，明明是同一場戲（笑）。上一幕是被亞星先生「砰！」地丟出去，當他「嗚嗚……」呻吟地爬起來時，就裹上石膏了（笑）。

8—原為日本樂團，後來以演出搞笑短劇聞名。

——真的跟漫畫一樣，這樣的情節經常出現在漫畫中（笑）。

連環漫畫就從那個時候一股腦地出現了，電視劇也表現得很精彩，現在回想起來，似乎有超越時代的感覺。

——是啊，因為大家都在看。

就是啊。我聽工作人員說，播出隔天，在電車上還可以聽到學生們很興奮地聊著：「昨天那一段……」。

——當時的確是如此，隔天會到學校去討論。

沒錯，然後跟著模仿。

——對，現在大家都看錄影重播，因為每個人看的時間都不一樣，沒人可以討論，感覺有點失落。說到模仿，一定會有「Julie——」這段，阿金奶奶在澤田研二的海報前扭動身體，每集照例都要做一次。

說到那個「Julie——」，可不是只喊「Julie——」而已。海報中的 Julie 感覺就像是奶奶聊天的對象，依照開心、悲傷等不同的情緒來表現。有時是「今天從早上開始一次都沒做過，就隨便來一下吧！」

——是啊，每次都不一樣呢！要繼續再看個幾集後，才會發現。

就是啊，每次都不一樣。不過，如果只是把「Julie——」單獨拿出來看，就沒那麼有趣了。一定要將前後連貫著看，才會覺得好笑。

——的確如此。盯著海報看了一陣子後，才做出「Julie——」的動作，停頓時間的長短總是拿捏得那麼好。

那是因為久世先生說：「妳不要只是扭曲身體，還要慢慢讓身體往上升。」我說：「好，我知道了。」（笑）

——劇本裡有寫嗎？

沒有。是現場才決定這裡要加上那一段，劇本裡面沒寫。

——後來，久世先生在《寺內貫一郎一家》DVD上市的紀念活動中說：「我不知道電影的狀況如何，但在電視版中，演員的本性都會展現出來。」真的是這樣嗎？

我不是在三十出頭時就演了奶奶嗎？當初只是想要輕鬆一點，所以才接下奶奶這個角色。不過，之所以能夠演得好，我先前有提過，是因為在我的孩提時代，經常看到來幫忙的婆婆們，有各式各樣的婆婆。

——您應該也很感謝為了操持店裡的生意而忙碌的母親吧？

是啊，該怎麼說呢？我的父親就像是個裝飾品，只會彈彈琵琶，活得很悠哉，他把生計全交給母親，而我則完全受到這種家庭的影響。

——原來如此（笑）。

所以，當我看到男人在工作時，總覺得很不可思議，心裡會很感動的想著：「啊，爸爸在工作，會拿錢回家呢！」我怎麼樣也無法走向那樣的人生，我們岔題了（笑）。

——不好意思（笑）。總之，久世先生和樹木女士在《時間到了唷》和《寺內貫太郎一家》中挑戰的是，不能是演戲，也不能偽造，對吧？

我們真正想要表現的是，演員因發生意料之外的事而受到驚嚇或出現意外的表情，如果練習了好幾次之後才演，通常都不會成功。

——因為這樣會變成一連串的安排，這真的很難控制呢！

森繁先生的「站前系列」和「社長系列」是大概決定好這裡這樣做，那裡這樣做，攝影機的位置也決定好之後，就開始正式拍攝，剩下的都是即興演出。

——聽說繁森先生的即興演出非常天馬行空。

演員三木立平先生等人揣摩角色的同時，小林桂樹先生大概也是像這樣，邊演戲邊即興演出，大家精準地掌握自己的角色，進而創作出逗趣的作品。

——那種趣味一定和搞笑短劇或電視劇不同吧？在《時間到了唷》劇中，樹木女士你們的戲雖然也像搞笑短劇，但因為有清楚的角色，所以還算是「戲劇」。

應該是吧！融合真實情感的扮演，和只是表面上的演出，兩者截然不同。

08 不漂亮的人為什麼能夠拍得美

——您和劇作家向田邦子女士是從《七個孫子》開始合作的吧？

是的。從《七個孫子》、《時間到了唷》到《寺內貫太郎一家》，都是向田女士、久世光彥先生和我一起合作。那時我們都非常努力，真的很有意思。

——向田女士似乎從年輕時就很有才華。

不，感覺似乎沒什麼天分。

——哈哈哈（笑），怎麼說呢？

因為她寫的故事很沒意思啊，而且情節也無法連貫。

——完全看不出來。

因為所有演員都很巧妙地演出自己的角色，來掩飾劇本中矛盾的地方。向田女士是看了上週拍好的片子之後，才開始寫下一集的劇本。而且，還會放進我們在拍攝現場臨時加入的元素，所以才有一些有趣的情節，也就是因為這樣，劇本總是很晚才會寫好。

——這樣做的話，劇本的確是會拖很久。

不過，我跟她說：「不用管那些了，妳趕快把劇本寫出來吧！」她只要寫出普通的劇本，剩下的我們會自己想辦法，我真的是一個壞心眼的演員啊！

——不管向田女士再怎麼會拖稿，都不像寫《夢千代日記》劇本的早坂曉小姐那麼會拖吧！

早坂小姐真的很厲害。就算已經開始拍攝，演員和工作人員也在一旁準備，她的劇本還是一張一張的送過來。深町（幸男）先生在完全不知道劇情發展的狀況下，向現場下令：「零下四度，外面下著雪……」感覺就像是一邊安撫現場，一邊不斷追趕。雖然讓人非常困擾，但《夢千代日記》真的是一部好作品。

——的確是部傑作。

那齣戲描述的是社會中走投無路的人，而拍攝現場的劇本則一直在苦苦追趕。

——我有去過《夢千代日記》的故事背景地——湯村溫泉。

對了，是湯村溫泉。

——那邊有紀念館。

還有吉永小百合女士的銅像。

——是的，我還在銅像前拍了照片（笑）。

不過，小百合女士現在的長相依然跟銅像沒什麼兩樣，真是了不起啊！

——的確如此。在《寺內貫太郎一家》中飾演母親的加藤治子女士，也參加了《夢千代日記》的演出。

咦？有嗎？

——她演香菸店旅館的女主人，劇中飾演她浪蕩兒子的，就是現在擔任東映會長的岡田裕介先生。

一九七四年，三十一歲時出現在朝日新聞一篇名為「褪色的季節」的報導中。「現在的我正在飛翔，不是褪色，而是飛翔。」（照片來源：希林館）

啊，對對對，我想起來了（笑）。

——向田女士拖稿的情形沒有像早坂女士那麼嚴重嗎？

是啊，向田女士的劇本還不至於一張一張地來，她就是亂寫一通然後丟過來。久世先生真的很厲害，他會把劇情串起來，找出劇情中不連貫的地方或不足之處，和我們一起進行修改。

——真的嗎？

我們就是透過這樣的過程磨練創作劇本的功力。

——每個禮拜都要這麼來一次，那真的很辛苦。

也有這樣的情節——大家剛好都出去了，工匠不在，主人、太太、女傭也不在，只有飾演奶奶的我一個人在家，與其說是看店，倒不如說只是剛好在家。我向來都待在自己房裡，但那場戲要在店裡，然後導演會說：「妳就一個人待在這裡」就這樣設計出一場戲，這些我們都很習慣了。

——對對對，有這場戲，還負責接電話。

沒錯，說到負責接電話，當電話「鈴——鈴——」響起時，雖然是打錯的，但因為奶奶很閒，所以就跟對方聊了起來，而且還一直纏著對方講個不停，結果是對方把電話掛了。

——阿金奶奶在那場戲中徹底發揮了。

就是這種感覺，不管什麼都可以轉化成戲。因為那時有和久世先生一起創作戲劇的經驗，現在，就算劇本中什麼都沒寫，只要有人說：「這裡稍微加場戲。」我就會開始思考：「前後劇情是這樣發展的，在哪裡可以用什麼方式加一段什麼樣的情節？」然後，馬上就可以設計出一場戲。我過去曾經受過閱讀整本劇本的訓練，那時真的非常辛苦，但收穫很大。所以，我才會很自以為是地對著向田女士說：「妳只要寫出一個普通的故事就好了，剩下的我們會自己想辦法。」

——哇，大概也只有樹木女士，可以對著在日本劇本史上表現傑出的向田女士毫不留情地說出那樣的話。

拍《寺內貫太郎一家》的時候，向田女士動了癌症手術，應該是乳癌吧！當時，一說得了乳癌，大家就會覺得是無藥可救的病。從那時開始，她重新檢視自己，在《寺內貫太郎一家》之後，就再也沒有寫過像那種的笑鬧喜劇，轉而開始撰寫像《冬天的運動會》、《宛如阿修羅》、《阿吽》這些讓人深入思考人生的知名作品。

——所以向田女士沒有參與久世先生後來拍的電視劇《姆》和《姆一族》。

向田女士的原點，應該是森繁先生。在恐懼中帶有笑料，在痛苦中出現令人疑惑的奇怪情節，這些都是森繁先生教她的。當這些特色出現在作品中時，向田女士便以優秀作家的身分而聞名了。

——原來如此。

《寺內貫太郎一家》不是很受歡迎嗎？所以向田女士把《寺內貫太郎一家》寫成小說來出版。她要求我在書腰上寫幾句推薦的話，我把書很快翻過一遍之後，對小林亞星先生說：「這什麼東西？將之前的演出、大家一起創作的情節全部串在一起，然後寫出來，這樣會好看嗎？」後來亞星先生也說：「真是一部糟糕的作品啊！」我們兩個都覺得非常疑惑想著：「嗯……這是什麼東西？」（笑）後來那本書一下就不見了，要是有收起來就好了。當然，也沒有幫她在書腰上推薦。

——哈哈哈……但她後來成了直木賞作家呢！

只有像《銀座百點》這類的散文，才會讓我覺得向田女士的文章寫得很好。她是在寫劇本時，開始寫散文的。在一篇文章中，一定會有一些片段讓我眼睛為之一亮的說：「向田小姐，這裡寫得不錯呢！」我覺得就是這種散文的文采，加上發現罹癌後重新自我檢視，才能寫出流傳至今的作品。

——原來如此。

這是我的想法，久世先生也很同意。

——感覺久世先生一直在栽培向田女士。

沒錯，久世先生就是這樣一個人。我相信，這些東西的源頭都是森繁先生，是從森繁先生身上學到的。所以，我們三個人真的是賺到了。雖然沒有什麼可以回報他的，但真的學到很多東西。

——但我常聽說森繁先生會摸同劇女演員的屁股，或是加以引誘。

哈哈哈，這對他來說是一種福利，但我從來沒有被摸過。

——咦？真的嗎？

你不覺得這樣很危險嗎？

——他察覺到危險了。哈哈，不過，聽樹木女士這麼說，讓我再次覺得森繁先生是位偉大的男演員。

是啊，從戰爭中活下來，又看到那麼多人死去，那種感覺應該會深深烙印在他的內心深處吧！

——之後，還有沒有男演員，讓樹木女士覺得「啊，這個人感覺很像森繁先生」呢？

沒有，但優秀的男演員非常多，勝新太郎先生和若山富三郎先生都是，即使是現在，也有很多出色的男演員，同時我發現不管是男演員還是劇作家，每個優秀的人都會經常觀察他人。

——特別是劇作家，每個禮拜都要寫出一本劇本，非得仔細觀察不可。

沒錯，現在劇作家這個職業已經普遍受到認可，不管是早坂曉先生、山田太一先生、倉本聰先生，大家都寫出了很精彩的電視劇本。當時，繼承他們的人也紛紛受到了認同。我想那時候那些人肯定都很認真地寫了電影劇本，但電視劇本部分，感覺總有些敷衍，很多都只是草率完成的作品。

——印象中有部電視劇叫《任性天使》。

對，那是誰寫的？

——是松本寬先生，我好喜歡那齣戲。

沒錯，是松本先生，很多人都非常喜歡。

——是啊，《任性天使》是石立鐵男先生主演的，當時非常受歡迎。石立先生看起來就是個很有天分的男演員。

的確是看得出來。

——不過，生涯後半段有點……

生涯後半段不太走運。我在人生下半場可以像這樣接受採訪，好像真的非常幸福。我認為，我之所以會變成這樣，是因為生了病，沒有跟著社會的趨勢，就能夠回到競走的原點，要我因為到了這個年紀就應該怎麼樣，我根本做不到。如果是為了吃飯，我什麼都願意做，我因為投資房地產而有房租收入，在經濟上已經沒有問題了，所以我該做的不就是針對工作和人生好好思考嗎？

——您說的沒錯。

在這個過程中，慢慢就變成一個有在思考的人。不過，一直正經八百地思考也不好玩，因為我也發現了自己喜歡隨性的本性，不如就露出有點危險、難以預料的部分，讓人家覺得我「感覺很有趣，但也很危險」。

——《寺內貫太郎一家》非常受歡迎，接下來還有《姆》和《姆一族》，那個時候，樹木女士是不是也陷入戲路被定型的危機？

我雖然演了奶奶，有著奶奶的聲音和裝扮，但我並不覺得自己是在扮演一個奶奶。我剛剛說了，在心情上，我投射的是三十出頭歲的我，所以，雖然有些表演方式是固定的，但不會完全照著常規來走。

——您和鄉廣美先生在《姆》劇中對唱的「魔鬼的搖滾」，以及後來在《姆一族》劇中對唱的「蘋果殺人事件」，都十分暢銷，您喜歡唱歌嗎？

不，完全不喜歡。我知道自己音準不好，唱歌應該不怎麼好聽，我常發現自己「又唱走音了」，所以唱歌對我來說很痛苦。

——不管是《時間到了唷》還是《寺內貫太郎一家》，久世先生的電視劇裡都有歌曲呢！

沒錯。

——那變成一個特色，而且每一首都很受歡迎。樹木女士和鄉先生一起對唱也是久世先生的點子嗎？

是啊，就是他的點子。事實上，拍《寺內貫太郎一家》的時候，也想讓我和亞星先生，也就是媽媽和兒子對唱，但我拒絕了，我說：「那種歌沒什麼好唱的吧！」就拒絕了亞星先生做的歌。那首歌的歌詞是「一個蘋果　兩個 Apple / 蘋果　蘋果果……」我說：「我不想唱這種歌」。

——是那首啊！後來是由演西城秀樹女友的池田陶子小姐和亞星先生對唱吧！阿久悠先生寫的歌詞非常特別，也有點怪，本來應該是由樹木女士來演唱的？

是啊，他們叫我唱。我說：「不要，那種歌太無聊了。」所以沒唱。拍《姆》的時候，鄉廣美出了唱片，我不知為何就和他對唱了。最初，鄉廣美的歌迷不買唱片呢！因為有個奇怪的女人緊緊黏在鄉廣美身旁，所以，一開始唱片完全賣不出去。

——哦，是這樣嗎？

索尼唱片的酒井政利先生認為：「因為有個奇怪的女人，所以歌迷才不買唱片。」我心想：「是我的錯嗎？」於是，一生氣，就做了奇怪的動作，在開頭的地方加入了兩人如漫才般的對話，那可是在漫才流行之前做的呢！後來唱片銷售慢慢有了起色，沒多久就熱賣了。

——鄉廣美先生非常有幽默感，演技也很好。

沒錯。他的演技非常自然，因為原本就是會唱歌的人，所以音感很好，堺正章也是，大家都非常有魅力，還有秀樹先生也一樣，節奏感很好，完全具備了成為歌手的條件。久世先生非常感動地說：「果然是唱歌的人，有著和演員不同的魅力。」之後，有許多從事音樂工作的人也成了演員，大家果然都有著豐富的感性。

——岸部一德先生現在是知名演員，但以前是老虎隊[9]的沙利[10]。

是啊，岸部先生轉換跑道成為演員時，我的公司就在這棟建築（位於西麻布，樹木女士擁有的建築）的一樓，久世先生拜託我讓他加入我的公司，當時岸部先生還一邊說著：「嗯……我受得了嗎？」

——拍攝《寺內貫一郎一家》時，他在井上堯之樂團演奏了這齣戲的主題曲[11]，但到了《任

9—日本樂團，一九六七年以「我的瑪莉」一曲出道。
10—岸部一德的暱稱。
11—岸部一德曾為井上堯之樂團的成員

性天使》時，他已經成了演員，飾演秋野暢子的男朋友。

沒錯，一德這個名字還是我取的呢！

——是怎麼取的呢？

在老虎隊時代，他的名字是岸部修三，若寫成日文的假名就是「おさみ」。我覺得拿「おさみ」來當一個演員的名字有點不太對勁兒，我說：「已經不再是偶像了，想當演員，就要取個穩重大方的名字。」他父親名叫「德之助」，所以，我就幫他取了「一德」這個名字。不過一開始他似乎非常不喜歡，說好像老爺爺的名字一樣，但現在他改口說：「大家都說『這真是個好名字』。」

——從七十到八十年代，不只電視劇，樹木女士也拍了很多電視廣告，成了最受歡迎人物，就像是在電視的黃金時期，走在最前端的人物。這也是因為必須償還房貸的關係嗎（笑）。

是啊，我並不覺得自己超越他人。拍久世先生的電視劇時，或許有「已經超越別人」的感覺，但到了《夢千代日記》時，那種感覺就比較淡了。

——在磁力貼的電視廣告中，您和橫矢勳會長的搭配讓人捧腹大笑。

沒錯，那廣告真的拍得不錯。我和當時類似製作人的工作人員很合得來，感覺非常好，所以可以拍出有趣的影片。

——和沒有演戲經驗的會長一起演戲，感覺如何？

完全沒問題。反而因為沒有事先說好，效果非常不錯。橫矢先生只需要說「易利氣磁力貼」這幾個字。

——他喜歡上電視嗎？

拍電視廣告時，不是會先決定由哪個藝人來拍嗎？我猜會長應該是抱持著「如果藝人需要一起演出的對手，我就去拍」這個想法，才拍了這個廣告。在我之前，是藤村俊二先生拍的，現在還蠻常讓公司的高層來拍攝廣告，但當時並沒有那麼普遍，而且會長長得那麼特別，應該會引起話題。不是都會有人幫會長拍照嗎？他們拍了之後跟會長說：「我會再把照片送您」，但會長說：「我不需要，因為我的臉怎麼拍都是長這樣」。

——電視廣告的威力非常大，大家現在都知道易利氣磁力貼了。

對啊，富士軟片也是。請我們拍這支廣告時，他們在市場中和櫻花軟片互相競爭。櫻花軟片的電視廣告是荻本欽一先生拍的，富士軟片則是尤伯連納，是請外國明星拍的時髦廣告，另外，柯達軟片也很受歡迎，在軟片市場上就富士、櫻花和柯達這三家公司三足鼎立。

——沒錯。

為了和阿欽拍的櫻花軟片廣告對抗，我們做了一點特別的變化，請日本的藝人來拍，簡單易懂。

——拍那支廣告片的人似乎很有名？

對，是川崎徹先生。

——是川崎先生啊，太厲害了。他和岸本加世子小姐的搭配實在太棒了。

就是因為那支廣告，讓市占率大幅上升。

——廣告有好幾個不同的版本。

是啊，因為這個系列的廣告播了很多年。不過，不管是去年、今年，還是哪一年的版本，富士軟片只堅持留下「拍下過年的樣子吧」這句廣告詞。數位相機登場後，軟片基本上都消失了，但公司以前拍攝過的電視廣告卻會一直留存下來，非常有趣。

——您最早拍的應該是這支廣告片吧——樹木女士穿著和服，帶著期待的心情到照相館看相親用的照片，岸本女士所飾演的店員說：「如果是用富士軟片拍的，漂亮的人會變得更美。」

對對對，岸本小姐原本的台詞是：「可以把漂亮的人拍得很美，就算不漂亮，也可以拍得很美」。但我說：「這樣不是很奇怪嗎？不漂亮的人為什麼可以拍得很美？」負責的工作人員說：「因為軟片很好。」然後他問川崎先生：「川崎先生，您覺得如何？」

——的確如此（笑）。結果那段台詞改成「不是那麼漂亮的人，也可以拍出那個味道」。

「拍出那個味道」這個說法不錯吧！有一種曖昧的感覺，而且也很高雅。

——太棒了，真的很好。沒錯，就是要用「拍出那個味道」這句台詞。

對吧，也不是否定的意味。這都是在拍《時間到了唷》和《寺內貫太郎一家》時被磨鍊出來的。我能夠發現那句話的邏輯很奇怪，也能夠提出自己的意見，說出：「把漂亮的人拍得很美，不漂亮的人也能夠拍得很美，這句話很怪吧！」都是久世先生的功勞，所以，真的非常感謝他。

——原來是久世先生的功勞呢！

沒錯。但我也因為失言而和久世先生決裂，之後就去拍《夢千代日記》了。

——是在《姆一族》的殺青宴上，您爆出久世先生的婚外情對吧？

是啊，而且也沒有道謝。雖然沒有道謝，但我的腦中能夠浮現「那個味道」這樣的字眼，真的是要感謝他。

——您無法認同「不漂亮的人也可以拍得很美」這句話嗎？

「不漂亮的人」這個說法有點……

——您是指「不漂亮」這個說法嗎？

我和川崎先生都覺得「這有點刺耳吧！『不漂亮的人』這樣的說法聽起來不太舒服」。我說：「那『不是那麼漂亮的人』如何？」這句話感覺有一點模糊。很多人都會覺得自己「不是〇〇」，所以一聽到「如果不是〇〇的話」，應該很自然就可以接受「拍出那個味道」「那個味道？」這樣的對話吧！

——樹木女士說出「那個味道？」時的表情真是一絕。

很不錯吧！

——是啊，當岸本女士說「那個味道」時，樹木女士的反應實在是太妙了。看不出是否能夠接受這種說法，感覺不是很清楚。

沒錯。如果只出現笑容，感覺有點虛假。不過，不只是我，觀眾也有他們的想法，加世小姐也很棒。這都是拍《姆》的時候鍛鍊出來的，久世先生的電視劇也被運用在這支電視廣告中。

——原來是這樣。

嗯，真的是拜他所賜。

——因為這句「拍出那個味道」，這個廣告意外的成了一支非常長壽的電視廣告。

富士軟片的廣告之前不是請尤伯連納來拍嗎，結果，因為主角突然變成日本在地演員，不管是攝影或宣傳部都沒有人要來。只有一個人很不情願的來看了一下。後來「拍出那個味道」這句台詞爆紅之後，拍攝下一個廣告版本時，好多人都來了，大排長龍呢！

——您是指富士軟片的人嗎？

對啊。他們要來檢查「拍出那個味道」這句話會放在哪裡。就算跟他們說了很多次「這次不會用這句話」，他們也充耳不聞，只是一味地說：「不，把『拍出那個味道』放在這裡吧！」讓川崎先生非常困擾。他說：「不，放在那邊的話會很奇怪。」結果對方說：「不管如何，就是要放入『拍出那個味道』。」

——哈哈，我非常能夠理解富士軟片員工的想法。

09 人都是為了玩而來到這世上

——我還想請教您關於名字的事。從出道到七十年代中旬，您用的是悠木千帆這個藝名。您的本名是內田啟子，娘家姓中谷，悠木千帆這個藝名是怎麼來的呢？

我父親知道我開始上電視之後，不，應該是在那之前吧，大約在我進入演藝圈，也就是文學座時，他說：「演藝圈是個各為己利的世界，妳很有勇氣，要不以『勇氣凜凜』為意改名為『勇氣凜子』呢？」可是，勇氣凜子感覺怪怪的，後來我跟父親說，想取一個好聽一點的名字。

——悠木千帆這個名字很好聽。

有位版畫家名叫前川千帆，那位版畫家畫的女人臉部鼓鼓的，和我很像。所以，我借用了前川千帆的名字。悠木則是取自勇氣[12]，像寶塚團員的名字一樣，感覺非常優雅。不過，因為這是我和父親一起隨性想出的名字，大家都聽得很不習慣。沒想到那麼快就要用這個名字闖蕩演藝圈，雖然沒人喜歡，但我用悠木千帆這個名字做了很多工作，一直到拍攝《寺內貫太郎一家》時期，都是用悠木千帆。

——您在電視綜藝節目中把自己的名字賣了對吧？

是啊，那是NET電視台為了慶祝公司名稱改為「朝日電視」，所製作的特別節目。主辦單位說：「上節目時，必須賣某件個東西。」但我說：「我沒有東西可以賣。」如果是偶像，可以賣自己穿過的襯衫或衣服，但你覺得有人會買我的衣服嗎？所以我說：「不，我沒有東西可以賣，那我賣自己的名字好了。」

——這個點子很棒呢！

但節目製作人說：「咦！我不知道妳要怎麼賣妳的名字。」我回答：「我也不知道，但總之就是要賣名字。」以前，田中邦衛先生曾經給我下了這樣的評語：「妳總是先把事情做了，之後再給它一個理由。」一開始，先埋頭往前跑，之後再補上理由。嗯，應該是這樣吧！因為我沒有什麼非賣不可的東西。我是有想賣的不動產啦（笑），不過，賣不動產太招搖了，應該不適合拿出來賣吧？要在節目中賣的東西，價格太高應該賣不出去，感覺也像是在圖利，應該不好玩吧！

——的確（笑）。

那時真的很苦惱。

12—「悠木」和「勇氣」的日文讀音皆為「Yuki」。

——有幾個人想買您的名字呢？

沒有人。大家都嚇壞了。賣這種東西本來就不合常理，不過，我的目的就是要透過這件事來嚇嚇大家，因為在演藝圈討生活就是這麼回事。我也經常和久世先生聊天說，我們不應該忘記「人都是為了玩而來到這世上」。當然，我也有正經的時候，不過，那時候我反而會想：「啊，應該要更盡興一點。」

——這件事很重要呢！

是啊，因為是演藝工作。

——拍攝《姆》的時候，您的名字已經從悠木千帆改為樹木希林了對吧？

是的。因為悠木千帆這個名字已經賣掉了。拍攝《姆》的時候，久世先生說：「沒人認識你，就算是樹木希林這個名字也沒人知道。」他說得沒錯，於是，我回答他：「這是理所當然的吧！」結果久世先生說：「要不要買回去？」我拒絕的說：「我沒辦法做這麼見不得人的事。」於是，放棄說服我的久世先生幫我想了新名字。他問我：「這個如何？」

——就是樹木希林嗎？

不是。他說：「妳的本名是啟子吧，名字可以用啟子，姓氏的話就用『母』。」母這個姓很奇怪吧？他還說：「上了年紀之後，『母』（ha ha）可以改成濁音唸成『ba ba』，如何？」當時，不管是報紙還是雜誌，用的都是鉛字印刷，這麼一來，就像久世先生說的：「因為沒有這個名字的鉛字，印刷廠必須為了妳特別製作鉛字，這樣不是很好嗎？」六十歲之後，母加上濁音記號，於是印刷廠必須重新製作在「母」旁邊加上兩點的鉛字。現在回想起來，覺得這點子真是不錯。

——久世先生真是不簡單。

就是說啊！

——但您還是拒絕了。

是啊。我還是覺得有點怪，感覺好像一個笑話。

——說得也是。

或許當初再仔細思考一下，就會接受那個名字，那樣的話，我就可以說「從今天開始我變成『母小姐』了。」很有趣吧！感覺如果是現在，就可以開這種玩笑了。

——那麼，樹木希林這個名字又是怎麼來的呢？

我不斷翻字典，尋找可以用在姓氏或名字中的字彙。我喜歡疊音字，像我女兒取作「也哉子」（ya ya ko），也是疊音字。後來，我突然想起「Ki Ki Ki Lin」（ききり

ん）這個的讀音，聽起來似乎還不賴，本來覺得若叫「Cha Cha Cha Lin」（ちゃちゃちゃりん）也不錯，但我找不到有哪個漢字讀「Cha」。

——哈哈哈……「Cha Cha Lin」嗎？

因為樹木希林的「き」可以找到很多漢字，非常方便。「樹」指的就是大樹對吧？

——是的。

「木」指的是小樹，曾經有人跟我說：「樹木女士的名字應該是意味著集結了大樹和小樹，形成稀有的樹林。」我覺得他解釋得很好。

——您是因為這麼想，才取了這個名字吧？

不，當時我沒有想到這件事，只因為唸起來很順口，就取了「樹木希林」，但別人在唸的時候卻不太好唸（笑）。

——沒錯，真的不好唸呢！

但從那時開始，我就一直用樹木希林這個名字。

——有沒有想過要把「樹木希林」這個名字賣掉？

不賣了，我累了，改名字實在太辛苦了。因為取名為樹木希林的時候，已經有了經紀公司。公司的人雖然會幫我處理，但如果現在再改名，要辦很多手續，繼續用這個名字就好了。

——剛剛我們聊到您女兒的名字，也哉子這名字也很特別呢！

是啊。

——這個名字是怎麼取的呢？是樹木女士取的嗎，還是內田裕也先生？

內田先生問我，取名為「美子」（意為「美麗的孩子」）如何？我現在覺得那個名字也不錯，秋篠宮先生[13]不是為女兒取名為「真子」和「佳子」嗎，兩個字的名字現在聽起來很自然，但當時我並不知道「美子」這個名字好在哪裡。我們不是都會叫小嬰兒「Ya Ya Ko」嗎，所以就取名為「Ya Ya Ko」，同時用了裕也的也，就變成「也哉子」（Ya Ya Ko）。

——「也」和「哉」這兩個漢字排在一起真的非常有美感。

內田先生當時說：「應該把我的『也』放在『哉』的前面。」因此就先放了「也」。

——哈哈哈，您的三個孫子名字也很特別呢！

13 文仁親王，日本皇室成員，是上皇明仁及上皇后美智子的次子，今天皇德仁的弟弟。

是啊。不過都是原來就有的字。

——嗯，用字不是什麼稀有字。

沒錯，並不是借字。長男的名字雅樂，指的是日本傳統音樂。長女的名字伽羅是香木的名稱，次男叫玄兔，「玄」是「黑」的意思，這是漢文中的字，意思是「在黑色中，亦即在宇宙中，浮現的兔子，也就是月亮。」。這些名字都是也哉子和本木先生[14]一起取的。

14—即日本知名藝人本木雅弘，樹木希林的女婿。

10

如果住在一起，就會變成老老照顧，這做不到吧

——我們來聊聊您的家人，可以請教有關您的丈夫內田裕也的事嗎？

沒問題，請問。

——和內田先生結婚前，您曾和岸田森先生結婚對吧？他很早就去世了。

是啊！我自己完全無意隱瞞這件事，但內田先生非常生氣。我說：「這件事不用特別說吧！」但他說：「妳這樣太不尊重我了。」

——他這樣說嗎？

我並沒有要刻意隱瞞……所以我對他說：「因為很多人都知道，應該無所謂吧！」他說：「怎麼可以，沒人知道吧！如果妳不說這是第二次結婚，怎麼會有人知道。」我雖然不以為然，但內田非常堅持。

——真的嗎，但內田先生自己不也是跟很多女性交往嗎（笑）？

就是說啊！他和那麼多女人交往，根本就是花名在外，但自己卻又非常善妒。我不知道我和內田先生誰會先離開人世，如果是他先走，我就什麼都可以說出來了，若他一直不走，那我可能就一直不能說了。

——真叫人意外。

不知為何，他為此非常生氣，卻絕口不提自己幹的好事。

——通常都是這樣啊，特別是男人，這樣的人很多。

是這樣嗎？

——是啊（笑）。

不過，應該也有很多心胸寬大的男人。

——當然。

你覺得心胸寬大的人應該是什麼樣的性格？

——嗯……我也不太確定，但心胸寬大的人對對方的愛，或許就會不夠堅定。

嗯，這的確很難說。

——所以我們還是不要請教您岸田先生的事……

內田先生可能會逼問我：「誰？是哪個王八蛋寫了那些內容？」把你殺了都有可能。

——真的嗎？那我們還是不要談好了（笑）。

不過，看了以前的電影或電視劇，我覺得他真是個有氣質的演員。

——是啊。小時候，我非常喜歡《怪奇大作戰》這部特效電視劇中的岸田先生。

還有《超人力霸王》對吧？

——是啊，是圓谷公司製作的。《歸來的超人》也讓我印象深刻。

那些是後來才拍的，他年輕時拍的作品也很好。

——沒錯，他經常出現在岡本喜八執導的電影中，我最難忘的就是《傷痕累累的天使》。

現在正在重播，那應該是在《超人力霸王》之後的作品吧？

——好像是在那之後，沒錯，在那之後。岸田先生的事我們就聊到這裡。請問您是如何和內田裕也先生「邂逅」的呢？

您所謂的「邂逅」指的是……我們並不是在什麼特別的情境下認識，就只是一般的工作場合，拍攝《時間到了唷》時，他和釜范弘一起來。

——釜范先生嗎？他演的是當鋪老闆吧？

那是很久以後的事，一開始他並沒有演。因為蜘蛛樂團（The Spiders）[15]的夥伴堺正章

15 成立於一九六一年的日本搖滾樂團。

有參與演出，所以他來探班，那個時候內田也一起來了。當時我不是很瞭解他，只覺得是看起來很認真的人。

——很認真嗎？

是啊，很有趣吧！內田先生似乎不是那種只喜歡漂亮女人的人，所以，他過去交往過的女性中，很多都非常特別，甚至是會讓人感到意外的對象。

——這樣啊！

不過，後來他說：「大家都跑掉了。」也就是說，不知不覺間，大家都離開他了。結果，只有我沒有跑掉，也只有我和他結婚。內田先生甚至不知道自己的戶籍在哪裡？

——咦？內田先生本人不知道嗎？

就是啊，就連他本人都不知道自己戶籍設在哪裡。因為他的生活方式和社會沒有任何連結，所以，一般女人就算要辦理入籍，也會變得很麻煩不是嗎？好像在尋找戶籍時，戀情就告吹了。只有像我這樣奇怪的人，會在決定要入籍時，去尋找戶籍，然後正式入籍，也就是因為這樣的個性，才會到現在都沒有分手。

——原來如此。你們是一九七三年結婚的吧，一起生活的時間大概有多長？

真正一起生活的時間，整個來說還不到三個月。

——不到三個月嗎？

沒錯，全部加起來不到三個月。不過，這也夠了，不只是他，我也覺得夠了。

——真的嗎？

你，要不要喝點什麼？我們有這個。

——不好意思。

他們說這是「特茶」。

——啊，謝謝。這該不會是本木先生拍的電視廣告的產品吧（笑）。

對對對，這裡有好多呢！

——那我就不客氣了。

請用。

——即使如此，樹木女士和內田先生還是一對超乎想像的有趣夫妻呢！

是啊！我們分居四十五年了，一起生活三個月，但各自生活了四十五年。對我來說，託他的福，就是因為有這樣的重擔，我得到很大的幫助；對他而言，因為我有房子，所以應該也是有些好處吧！而且，不管內田先生跟誰在一起，我都不會抱怨，我這種女人啊，因為從不抱怨，所以相處起來非常輕鬆。

——哈哈哈……越來越不可思議了。不過，為什麼妳不會抱怨呢？

不抱怨才好啊！到了這個年紀，如果還一起生活，就是老老照顧，這根本做不到啊！我光是照顧自己就累死了，就算內田先生跟我說：「喂，我的拐杖呢？」、「喂，我要輪椅。」我應該只會說：「請你自己去拿吧！」不久之前，我已經成為後期高齡者了。

——夫婦兩人都是後期高齡者。

我希望內田先生可以活超過八十歲，不過，他是那種沒人幫忙，就無法自行復健的人，因為內田先生不喜歡被別人指使，叫他手舉高、把腳抬起來，所以復健很難順利進行。但如果要介入這件事，我自己會先崩潰。

——老老照顧現在已經變成社會問題了。

不管是自己還是對方都會變得越來越虛弱不是嗎？但即使非常虛弱，如果分開生活，還是可以為對方設想，想一想對方是否一切安好？身體健康嗎？這麼一想，不管我和什麼樣的男人在一起，應該都無法持續太久。

——就算不是內田先生也一樣嗎？

沒錯，不管是性情多麼溫和的人，還是多麼有社會地位，不管是哪一種人，我都無法跟他們相處。

——原來如此（笑）。就算分居，也會偶爾碰面嗎？

是啊！比方說像戶政事務所的資料需要對方蓋章等等，還是有很多事情要做不是嗎？我們之間還是有著社會性的連結，所以偶爾還是會碰面，碰面時，因為累積了很多話要跟對方說，兩個人還是會聊個不停。

——說得也是。

內田先生會說：「喂，該換我說了吧！」而我會說：「但如果現在不說，我就忘了」、「那真是有趣，我這邊……」就像這樣，回過神時，我們已經聊了很久。然後內田先生說：「妳看看身邊，不管是哪一對夫妻都不講話，人世間的夫妻都不互相對話。」所以，如果每天都在一起，那就沒有話說了。

——哈哈哈，這完全是新婚夫妻的模樣啊！

是啊，聊得開心時，感覺是很不錯。但隨著時間的過去，如果他還是聊著和以前一樣的話題：「那個時候……這個時候……」我就會說：「這我已經聽過了」、「已經聽過一百次了！」這時他會變得很生氣，或說是不開心。接著，我們就開始不斷互相吐槽，最後說出：「今天就到這裡吧！」所以最多就是兩小時，大概是一頓飯的時間。

——即使如此還是不想分手。

是啊，我經常思考這個問題，人們都說「像這樣分居，不受限於『夫妻』的形式，應該不錯吧！」我也覺得「是啊，不管哪一種生活方式都好」。對女兒來說，由於一年和她父親碰個一、兩次面，可以確認某些東西，也應該還不錯吧！

——內田先生和樹木女士會葬入同一個墳墓嗎？

當然啊，因為內田家的墳墓可是我買的。

——這樣啊！

那個奶奶，我指的是內田先生的母親，也在裡面。我都做到這個程度了，身為一個媳婦，應該沒有什麼好挑剔的吧！

——這樣的話，到天堂還會住在一起呢！

是啊，不過，反正只剩下骨頭，不需要說話，也不用再生氣了。

——說得也是（笑）。

以前，我和內田先生都覺得對方會先離開人世，現在，我覺得應該是我先走，所以有很多要張羅、準備的事。

——（二〇一八年）我在柏林影展中看到，您的女兒也哉子小姐和裕也先生在富名哲也執導的電影《接近無限思念的藍》（*Blue Wind Blows*）中演一對父女。

也哉子曾說：「這個角色一定要由裕也先生來演嗎？在現場大家都不得不尊重他，而且他的身體已經不聽使喚，還經常生氣，實在是太丟臉了！」媽媽已經是這樣的人了，從另一個角度來說，爸爸也變成這樣，身為他們的孩子，面對這樣的父母，要擔心的事非常多。

——真的是很擔心呢（笑）。

她說：「要擔心的事真的非常多。」

——我和也哉子小姐見面時，她對我說：「我母親老是給您添麻煩。」（笑），不過，也哉子小姐真的是穩重又有見識。

也哉子可以和正常人一樣，擁有一般人的常識，實在是很不可思議吧！經常在久世先生的電視劇中和我合作的由利徹先生以前曾經說：「實在是太奇怪了，像妳這樣的人，怎麼會生出也哉子這種孩子？」他還說：「她真是個好孩子啊！」

——這是在也哉子小姐還很小的時候說的話嗎？

是啊，當時她還是位小學生，由利先生在除夕那天，和太古八郎等人聚在一起，邊喝酒喧鬧，邊吃過年蕎麥麵。那個時候，他突然想起也哉子，所以打了電話給我。

——這麼有心！

他說：「也哉子嗎？我是由利。又是新的一年了，妳一切都好嗎？」「嗯，我很好。」也哉子不斷說著：「是、是。」由利問她：「妳還想跟誰說話？」也哉子說：「沒有。」由利說：「太古在這裡，我把電話拿給他。」太古接了電話後說：「我是太古。」也哉子說了：「您好，晚安。」結果，對方只說了：「我是太古。」一句話。

——大家都很疼愛她。

到了年底，由利先生似乎覺得也哉子「應該很寂寞」，而且爸爸又不在，所以才打電話給我，想跟她講講話。他還百思不得其解地說：「太奇怪了，她竟然是妳和裕也先生的孩子，真是太奇怪了。」

——**我完全理解他的疑惑。**

他一直說：「真是太奇怪了！」像由利先生這種和很多女性交往過的人會說出這樣的話，應該有一定的道理，真的很感謝他這麼說。

11 借助大家的力量養育孩子

——從父母的角度來看，您覺得也哉子小姐為什麼能夠成長得這麼好？

我想，在內心深處，也哉子也有很多壞心眼或自私的想法，只是沒有表現出來。她很早就結婚，必須照顧孩子，所以也沒時間去說別人壞話，或做不該做的事。

——應該是樹木女士教育得當吧？

對我來說，我根本沒什麼時間去耍心眼。我的原則是，如果真有所謂女人的品格，只要盡最大可能活動身體，就不會出現令人厭惡的特質。以我的狀況來說，在養育孩子那段期間，我完全沒有時間表現出女性討人厭的特質，這件事實在值得感謝。

——男人也一樣，有句話說：「小人閒居為不善。」

沒錯，時間和精力越多的人，越可能出現這種行為。那時候我真的太忙了，對於女兒，就只是給她飯吃而已，完全不記得曾買過什麼東西給她。即使是現在，我也不曾買東西給孫子。不管是生日還是什麼特別的日子，都只是口頭上說句「恭喜」而已。

——所以您從來沒有讓她過舒服的日子嗎？

是啊！我有時會把女兒帶到工作場所，有次負責服裝的工作人員說：「妳女兒穿得也太奇怪了吧？」這也是沒辦法的事。就拿T恤來說好了，我會將大人的T恤領口弄小、肩膀的部分往上縫，再讓她穿，而且因為下擺太長，所以她會在下面打結。

——哇，還加上自己的創意。

因為我從來沒有買過完全符合兒童尺寸的衣服給她，就只是拿手邊有的讓她湊合著穿。她沒有合身的衣服，手邊有什麼就給她穿什麼。

——這是為了磨練美感嗎？

不知道有沒有磨練到，但我們就是這樣生活的。飯也是一樣，雖然現在已經不吃了，但當時我們吃的都是糙米飯。女兒讀小學時，因為是一間國際學校，必須自己帶午餐便當。好像有同學跟她說：「妳的便當看起來好難吃喔！」在褐色的糙米上鋪上柴魚，撒上海苔，然後再淋上一點醬油，最後是鮭魚、玉子燒和熱狗，這就是全部的菜色，我女兒對我說：「大家都說這是咖啡色便當」。

——孩子說到這件事時，沒有任何抱怨嗎？

沒有，那真的是一個完全沒有色彩的便當。那個時候，很多母親都會親手做便當，還會把熱狗切成漂亮的章魚模樣，在我們家，基本上就是「刷」地切成兩段而已。女兒說：「因為不好看，所以只有我的便當沒人想看。」

——一個母親獨自撫養孩子應該很辛苦吧，所以沒有多餘的時間可以做那麼多事。

就是啊，但我並不覺得自己是獨自在照顧孩子。當時，我住在西麻布，一樓是我開的藝人經紀公司，住家在樓上。也哉子很早就放學了，然後會來到公司，員工們會為她檢查功課，幫了很多忙。所以，我不覺得自己獨自養育她，是大家一起幫我照顧。

——您一定不想讓她看到媽媽辛苦的樣子吧？

是啊，女兒經常跟我說：「媽媽妳從來不抱怨呢！」

——女兒也有感覺。

我從來不說：「早知道這麼做就好了。」而是「這樣啊，事情變成這樣了！」或是「那接下來就這麼做吧！」

——這就是最棒的教養方式啊！

是啊，就連一直在身邊的女兒也這麼說。如果認為都是自己的錯，就不會抱怨了。

——完全可以理解，我也不喜歡找別人商量事情。

就是說啊，所以石飛先生也是不抱怨的人嗎？

——我很少抱怨。

這樣雖然很了不起，但這多少也意味著不太關心自己。

——哈哈哈，有可能。

沒錯吧！

——是的，的確如此。

沒有什麼是自己非做不可的，對吧？

——沒有，的確沒有。

但是，說不抱怨是比較好聽啦！

——是啊！

仔細聽女兒說的話，就會發現我好像不太關心自己，對自己的事太隨便了。凡事都有一體兩面，怎麼可以只有讚美。

——哈哈哈……的確如此。如果沒有抱怨或該做的事，人生應該會比較開心吧！

就是說啊！

——所以您女兒是在一個很好的環境中被養育長大的。

嗯，我再舉一個例子，因為我沒有時間照顧女兒，所以她的生活非常簡單，現在我看孫子們的生活，發現他們衣服太多、鞋子太多，完全沒有整理，有點無可奈何。但女兒小時候，不管是衣服還是鞋子都很少，只能不斷交換搭配，所以隨時都非常整潔。

——這也是不想讓她過得太奢侈的教育原則嗎？

我並非刻意節儉，我們也會去餐廳吃飯，但我覺得沒有必要讓女兒過得太奢侈。

——樹木女士您自己在孩提時代的生活也過得那麼簡樸嗎？

這兩件事沒有關係。在我那個的時代，什麼都買得起。孩提時代，有段時間我自己也經常買東西，但可能是我對物品已經不再執著，所以，孩子自然也變成這樣。之前，某個女演員看了我的衣櫥後說：「只有這樣嗎？」我說：「對啊，就只有這樣。」當時我們都笑了，因為實在是太少了。

——不過，樹木女士看起來很時髦呢！

不，前一陣子我因為護照過期而去更新，還拍了照片，和十年前的護照相比，我的臉顯得更老了，頭髮也白了，樣子變了很多，不過，穿的衣服是一樣的。

——哈哈哈哈……

窗口的承辦小姐說：「您看，您穿一樣的衣服呢！」我忍不住大笑。

——回到教養子女的話題，也哉子高中時到瑞士去留學，畢業時一家三口還拍了合照。

女兒高中畢業典禮時，我想應該也要跟內田先生說一聲，因為我們一年幾乎碰不到，次面，而且帶女兒的過程中也發生了很多事。於是我和內田先生一起出席了女兒的畢業典禮，但去的時候我們搭不同班飛機，直接在當地會合。回國時三個人一起繞到威尼斯，住在一家曾經作為電影拍攝場景的酒店。

——是拍《魂斷威尼斯》的德斯巴恩斯酒店嗎？

對的，沒錯。我們還聊到「威尼斯國際影展就是在這裡舉行的」，當時聊得非常開心。因為雙方都可以拿著自己的行李走路，還不算是老老照顧。女兒說，難得爸爸也在，要拍張照片留作紀念。就是在這種狀況下拍的照片，但我總覺得，就算三個人在一起，還是有些合不來（笑）。

——養育也哉子小姐時，妳們曾經討論過是否要進入演藝圈嗎？

出席在瑞士留學的長女也哉子小姐（中）的畢業典禮。左為丈夫內田裕也，兩人搭不同的班機前往。（照片來源：希林館）

不，我們完全沒討論過。也哉子唸高中時便出國留學，很早就離開父母身邊，所以，我們完全沒有討論將來要怎麼辦，而且她十九歲就結婚了。

——您因為在《東京鐵塔》中的演技獲頒日本電影學院獎的最佳女演員，感覺似乎將重心從電視轉移到電影才十多年，就得了電影獎項。

在那之前還因為《跳駒》得過藝術選獎。年輕時，我跟獎項完全沒有緣分。不過，就算看到其他演員得獎，我也只會覺得：「哇，得獎了呢，太棒了！」

——是「人家要給我，我就接受」這種感覺嗎？

是啊！關於獎項這東西，我願意接受對方的心意，但不會因為獎項而有特別的感覺。所以現在，不管得到什麼，我都會覺得：「這樣啊，真不好意思。」我非常喜歡「這樣啊」這句話。「啊，這樣啊！」，不是「是這樣子嗎？」而是「這樣啊！」

——「這樣啊！」聽起非常悅耳。很多演員都希望可以拿獎呢！

以我來說會先批評自己，「我得獎了？怎麼可能？」（笑），「這樣就可以得獎嗎？和其他作品相比，今年或許值得拿獎。」獎項是讓氣氛變熱鬧的元素，畢竟是演藝圈，從事演藝工作，特別是站在台前的人，大家都覺得很有意思。我認為這個世界需要一些趣味，如果是從這個角度來看，那就到外面去領個獎吧，就這樣。

——完全可以理解。

所以，我覺得自己只是個平凡人，你覺得呢？

——是的。我認為獎項這東西原本就非常有趣。不管得獎與否，如果太過拚命，就會變成是「為什麼他可以得獎，但我不行。」的比較了。

沒錯。獎項不是要用來比較的。對我來說，得獎這件事只會讓我覺得「啊，這樣啊！」如此而已，並不會因為獎項而有任何改變。小學六年級參加競走時，我心想：「哇，這樣的話就可以拿到第一名」，然後很輕鬆地就拿到第一名了。或許是因為我自己並沒有想著要和人家比較，所以，一直很開心。

——如果大家都可以達到這個境界就好了。

不過，傷腦筋的是獎座。如果換成獎狀，只要把它們疊起來，或是捲起來就好，但電影相關獎項，拿到的都會是獎座，一拿到獎座，我就會開始煩惱：「啊，這要怎麼處理」。而且，因為得了癌症，隨時都可能死掉，更是讓我覺得獎座很重、又占空間，要怎麼處理實在很苦惱。

——您思考過要怎麼處理它們嗎？

我一直在想啊！有一天，我到朋友家去，朋友家裡擺了一個銅像，但它同時也是一個檯燈。我靈光一現：「啊，就是它，這是最棒的設計！」如果把獎座做成檯燈，在家也可以使用。就算自己不用，也可以拿去送人，因為是檯燈，並不會造成人家的困擾。所以，我希望以後獎項都可以做成檯燈。

——想要做成檯燈嗎？

對啊，現在我家裡有三、四個左右，其他的我都送給人了。不過，日本電影學院獎的獎座實在不知道該拿它怎麼辦。

——哈哈哈……

把獎座改造成檯燈，一個要花三萬日圓呢！一般來說，花三萬日圓，就可以買到一個很好的檯燈了，所以最近我放棄這個想法了。現在，我會拜託製作單位「把獎座直接拿回他們的公司」。他們問我：「可以嗎？」我說：「我才想問你們會不會不方便呢！」然後就請他們把獎座拿走。個人獎項的話，如果是跟自己有關係的電影，我會說聲：「哇，太開心了。」然後就請人把獎座拿走幫忙保管，我覺得這是最好的處理方式。

——原來如此。能夠去到一個受歡迎的地方，獎座應該也會開心吧（笑）。

是啊，我會對著收下獎座的人說：「不好意思，有點重」，接著就把獎座塞給他們。

——您也得過國際影展的獎項吧？

沒有那麼多。託大家的福，我曾經跟著去國外參加影展。《戀戀銅鑼燒》在亞洲的影展拿到獎項，地點我有點忘了。那個獎座不但重，體積也很大，金光閃閃的，獎座上面寫著《戀戀銅鑼燒》。因為剛好有機會到拍攝場景之一的全生園去，我跟他們說：「不好意思，可以把這個獎座放在餐廳或其他地方嗎？」因為對方回答：「這樣好意思嗎？」所以我火速把獎座交給他後，趕緊回來，之後的事我就不知道了。

——二〇一四年您獲頒旭日小綬章。

嗯，是有這件事。

——您本來要婉拒，但後來內田先生說：「妳給我去領。」

沒錯，那個說法真的很奇怪。他說：「廢話少說，妳去領獎就對了。」我還以為他只會說「rock'n roll」。沒想到他竟然說：「廢話少說。」我看起來就是一個很囉唆的人不是嗎？我會說：「誰給我的」、「什麼？文科省？」、「總理大臣？現任總理大臣是哪位？」之類的廢話，非常囉唆。

——的確（笑），他真的非常瞭解您。

沒錯。他會在電話中說：「妳這傢伙」、「廢話少說，去領獎就對了。」內田先生真的非常瞭解我。

12

我希望隨時保留一種危險的感覺

——這幾年，樹木女士成了電影圈中不可或缺的存在。二〇一八年，有三部由樹木女士飾演要角的電影上映，當中《仙人畫家：熊谷守一》講的是畫家熊谷守一的故事。

演出守一的山崎努先生是我在文學座的前輩，這是我們第一次攜手演出。一九六一年，我進入文學座時，山崎先生正大放光芒，不用說是講話了，我們甚至無法靠近他。所以，當他們找我飾演守一的妻子時，我當下就決定：「好，我要演。」我覺得「自己可以演這個角色」，沒想到我這輩子竟然有機會和這麼耀眼的巨星一起演戲。

——實際演戲時，您對山崎先生印象如何？

我以為他會有很多要求或經常生氣，但他都沒有。對待年輕導演沖田修一，經常聽見他用：「好的」、「啊，說的也是」來回應。我想「這就是偉大演員該有的風範」。我也沒看過杉村春子女士這位文學座的資深前輩，跟導演或製作人頂嘴，或是很直接的說出自己的主張和意見，就只聽到他們說：「是」、「好的」。那是我這一輩子都學不會的，我總是對導演說的話感到懷疑，並一一提出質疑，我懷疑得有點過火了。

——哈哈哈……真有意思，不過，能夠和山崎先生演夫妻真的很棒。

我過去從來沒有「想和這個演員合作」或是「想演出那個導演的電影」之類的想法，以後也不會有。因為我本身並沒有「很想挑戰某個角色」的念頭。當我變成後期高齡者後，竟然有一個可以對著我所景仰的山崎先生說出：「是這樣啊！」的角色來找我，飾演那個角色真的是一種至高無上的幸福。

——我很喜歡你們兩個人一邊看著年輕攝影師拍攝的熊谷夫妻的照片，一邊說話的那場戲。

在那場戲中，守一先生看到我的表情，隨口說了一句：「你這個死老太婆」時，我有點惱怒。哈哈哈……我覺得在這裡表現出那種不高興的情緒也不錯。這一段要表現的是明明和其他男人結了婚，卻把那個男人甩了，和守一在一起，然後因為被守一說成是死老太婆而生氣。

——當時樹木女士的表情真是一絕。

是不是有一種心都涼了的感覺。哈哈……那是一種心灰意冷、滿腔怒火的表情。所以啊，我覺得女人真是喜怒無常，我自己就絕不會這樣。

——在出現那個冷淡的表情後，您是不是將自己的手肘慢慢地、慢慢地，移到和照片上的姿勢一樣的位置。

對對對，那是導演的指示。

——原來如此。

我突然變得冷淡之後，導演說：「然後，把手肘拿到跟照片一樣的位置。」我說：「好。」然後就照著演了。

——沖田導演真的很厲害。

就是說啊，不過，在這裡我想說句話，當我看到完整的片子時，雖然非常喜歡，但總覺得一切都太合理，或者說是沒有破綻。參加演出的演員都很有禮貌，每個人都謹守分際，不做不該做的事，這讓我覺得有點無趣。

——樹木女士這麼說，我才發現是這樣。

所有參加演出的人都很優雅，但電影一定要有一些破綻。

——我懂。

從這個角度來說，必須出現更多比守一先生還要不按牌理出牌的人。因為山崎先生絕對不生氣，而且大家都謹守本分，小心翼翼。以一部電影來說，讓人感覺有那麼一點美中不足。

——這應該是選角的問題吧！

演員都是導演喜歡的類型，他們的真實人生可能都有些缺陷，但每個演員都勤於學習、謹守本分，仔細閱讀過劇本後，用自己的顏料色彩來描繪角色，非常守規矩，但這樣就無法突顯飾演主角的山崎先生了。

——感覺有點困難。

這真的很難。

——您過去演出的電影中，那些不按牌理出牌的演員參與的演出，都成了經典名作嗎？

有的時候，如果出現意外之舉，或是惹人討厭的人，反而會讓電影變得更有趣。本質不同的人演對手戲時，通常可以擦出火花。這一定要靠製作人或導演的精準眼光來發掘。

——原來如此。以過去演出的電影來說，您覺得哪部電影有做到這一點？

我拍過就忘了。

——太有趣了。

我覺得就是這樣。光是要做到超越這一點，就必須厚著臉皮，我們很難找到一個有這種特質的演員或演出者。

——以這個標準來說，您覺得吉村界人先生如何？飾演為守一拍照的攝影師那位年輕演員。

對我來說，還是太拘謹了，他應該更放鬆一點。

——要更大膽一點的意思嗎？

應該要有一點讓人意外的地方。

——樹木女士曾說：「吉村先生很像年輕時的澤田研二。」

沒錯。當我說他「很像剛出道時的 Julie」時，他說：「Julie 是誰？」「你不知道澤田研二嗎？」「不知道。」「真的嗎？你幾歲？」「二十四歲。」「你待在演藝圈，怎麼會不知道澤田研二？」

——他應該連《寺內貫太郎一家》都不知道吧！

當然，另一位飾演攝影師的加瀨亮先生也很有禮貌。他骨子裡對演戲是很貪婪的，但在現場會謹守自己的本分。導演這工作真的很難，不是隨隨便便就能做的，看了他的第一部作品後，我心想：「如果將來可以出現一位能讓他充分發揮魅力的導演就好了。」每次一拍完電影，我就會思考很多事。

——我覺得樹木女士演戲時，一直在做這些事。

是嗎？

——不光是自己，您還會觀察整部作品。

那是當然的，這樣觀察必須得做才行。在《仙人畫家：熊谷守一》這部片子中，池谷伸枝所飾演的幫傭美惠不是也很活潑嗎？

——沒錯，的確是充滿活力。

我和她的互動還不錯，因為她也很厲害，能把一個角色演得活靈活現，真的很讓人開心。所以，以這層意義來說，我完全不是想讓「自己」出風頭、愛表現的那種人。

——您在《夢千代日記》中也是如此，我想應該是樹木女士的支持，才讓吉永小百合小姐所飾演的夢千代看起來這麼有魅力，而且主演的吉永小百合小姐也做了精彩的回應。演員們的節奏非常一致，真想再看一次兩位搭擋演出。

就是啊，我接到角色時，嘴上雖然說了：「非常感謝」，但我更希望看到其他演員在戲劇裡有更好的發揮。

——是的，您一直透過戲劇展現出這一點。

但並不是每次都很成功。所以，看著演藝圈，我常會想：「搞什麼，這個人實在太可惜了，以前這麼活躍，最近怎麼變成這樣，該在哪個部分做調整呢？」

——如果以職棒來說，就是野村克也總教練的「野村再生工廠」。

是嗎？我以前曾經想過要做回收製造之類的事，比方說：「這個人現在雖然在這個位置，但若到那裡去應該會表現得更出色」、「這個人在這裡實在表現得很糟糕，換去那邊可能比較好」，類似選角製作人的工作。我想做讓人們可以更有發揮的工作。

——剛剛我們聊到山崎努先生不會跟導演說什麼，那麼樹木女士經常向導演表達自己的意見嗎？

是啊，以前我就有過這樣的經驗。因為我心裡非常確定，所以在片場就直接這麼做，沒有事前跟導演討論。但最近我覺得這樣做對導演真的很沒禮貌，所以我會事前提出說「我想這樣做。」但這麼一來，就少了一點驚喜，就結果來說並不是太好。我也會跟和我演對手戲的演員說：「我會這樣演。」就只是一種禮貌上的告知。

——真的很難說哪一種做法比較好。如果和您演對手戲的演員有什麼意料之外的行動時，樹木女士會……

那我會試著加以回應。

——在《仙人畫家：熊谷守一》一片中，「孩子們很早就死了。」這句話是樹木女士您建議放進去的對吧？

讀介紹手冊時，裡面有寫到熊谷夫婦失去孩子的事，所以我認為在電影中，應該要提到這個。特別是守一曾經說：「我想再活久一點，我喜歡活著。」所以，我問導演：「可不可以讓我稍微講一下，沒辦法讓自己的孩子來延續生命的不合理性。」導演說：「好啊！」我就說：「那我就稍微提一下喔！」

——守一的台詞十分讓人感動，您的這些建議多半都會被接受嗎？

導演很少拒絕我的建議。

——看了樹木女士的演出，讓我想起自己身邊的人。

若非如此，就無法描繪出日常生活。就是要讓人家覺得，我爸爸好像也是這樣，我媽媽好像也是這樣。

——的確。稍微離題一下，在是枝裕和導演執導的《橫山家之味》（二〇〇八年）中，YOU小姐演的是樹木女士的女兒對吧？

是的。

——您對著YOU小姐說：「把額頭露出來。」這讓我想起以前也有人這樣對我說。本來已經完全忘記了，相隔幾十年再次聽到，突然想起「媽媽過去也經常說這句話。」

那是我加上去的，劇本裡面沒寫。

——果然，我就猜應該是後來加上去的。

我看到她一直在整理頭髮，很在意頭髮的樣子，所以我拜託是枝裕和導演讓我加一句：「妳長得這麼好看，應該把額頭露出來。」

——哈哈哈……和我想的一樣，因為感覺非常真實（笑）。

不過，我好像做了讓導演無法理解的動作，因為導演說：「咦？」

——原來如此（笑）。因為樹木女士做了超乎導演想像的動作。

是啊。做為一個演員，我想製造出一種隨時都很危險的感覺。有時也會有預計中的行動，但我希望可以讓對方感到意外。加瀨先生曾經這樣描述我：「這個人很有趣，但也很危險。」我心想：「我還是有這樣的能力。」感覺有點開心。吉村先生說：「妳是我這輩子到現在從來沒見過的怪人。」雖然當時他只活了二十四年，但我還是覺得「真是不錯，太好了」、「我還可以製造那種危險的感覺」。

——是啊，大家都這麼想，我也是。

如果是一般上班族，應該會對這樣的做法感到很困擾，但因為是演員，所以這種做法應該是可以的。

——如果您當初當了藥劑師呢？

如果當上藥劑師，現在應該會違反那個法令了吧！

——違反藥事法。

對對對，我一定會嘴上說著：「沒問題、沒問題」，然後把已經過了保存期限的藥品開給病人。如果我從政，應該也會收賄，花用來路不明的金錢。

——幸好您當了演員。

的確如此。幸好我當了演員，這樣對大家比較好。

13

活到這把年紀，感覺好像是從場外看著自己

——鈴木清順導演執導的《流浪者之歌》（一九八〇年）非常讓人難忘。

說到清順先生，他不是常以演員的身分出現在螢光幕前嗎，這都是因為我的緣故。

——哦，是什麼樣的機緣呢？

清順先生不是日活公司[16]的人嗎？我在日活攝影公司拍攝忘了是電視還電影時，看到清順先生剛好走過。當時我不知道他是知名導演，還說：「那個老先生好有氣質喔！」

——他的氣質的確非常特別，很有個性。

我記得，當時把「我是醜女嗎？」當作角色口頭禪的小竹也在旁邊，所以應該是拍《姆一族》時發生的事。我跟久世先生說：「在日活攝影公司，有一個氣質很好的人，他們說那個人叫鈴木清順。可以請他來客串一下嗎？」於是，清順先生就參加演出了。

——在《姆一族》中，出現了很多奇怪的人，清順先生演的好像是一位乍看外表髒兮兮，事際上非常有錢的爺爺。

沒錯，我忘了清順先生演的角色叫瀨川還是什麼的，總之就是一個威風八面的名字。清順先生很快就答應演出，然後慢慢地就開始出現在電視上了。

——原來是這樣。他還演了大森一樹導演執導的電影《希波克拉底的門徒》。

16 日本的電影製作發行公司。

這是我提出的點子，午餐時，我邀清順先生一起去吃。他跟我說：「雖然我看起來很老，但實際上並沒有這麼老。」當時清順先生才七十出頭而已。

——不不不，在拍《姆一族》時，才五十五歲左右。

是嗎？他沒什麼頭髮，而且後腦勺都變白了，根本是個老先生了，他好像有一陣子沒辦法拍電影。

——好像剛好就是那段期間。日活公司的社長跟他說：「我看不懂你拍的電影」，所以被冷凍了一段時間。

時機實在太湊巧了。我胡亂拍了一些無聊的電視、電影時，看到他穿著木屐在餐廳裡走著。我們很失禮地討論：「那個人不是演員嗎？」「不，不是，他是導演。」「啊，是導演嗎？」「那就無法發揮他的風采了。」然後，就把他拉去拍電視劇了。

——相遇是非常重要的，應該說是一種緣分吧！

是啊，「演員真的很無趣，」當時久世先生說，「只照著事先確定好的劇情來演，太無趣了。」就在那個時期，我和久世先生一起構思清順先生要出現的那場戲。後來我和清順先生聊天，他說：「沒想到演員這麼輕鬆，真無法相信有那麼多演員想當導演。」

——在那之後，清順先生就以導演的身分積極展開行動。樹木女士也參與了《流浪者之歌》一片的演出。

是啊。他們邀請之前隸屬我們公司的大楠道代女士參與演出。電影由大楠女士、藤田敏八導演、大谷直子和原田芳雄主演。我演的是一個捕鰻魚的大嬸，當時好像是在大井川拍攝外景，我一直覺得非常噁心，在木橋的這頭等待時，我說：「導演，我好喜歡這個劇本啊！」「嗯，真的嗎？很喜歡嗎？」「我覺得這劇本寫得非常好。」「喔，是嗎？」那是田中陽造先生寫的劇本。

——您在《卡朋放聲哭》（*Capone Cries a Lot*）（一九八五年）和《手槍歌劇》（二〇〇一年）中也有參與演出。

嗯，只有一點點戲分。不過，我對身為導演的清順先生倒是沒什麼印象。因為我當時實在不懂何謂導演的才華，只看見他以演員的身分，如跑龍套般的出現在舞台上。所以，我完全無法感受到清順先生身為一個導演的耀眼光彩。總之，在《東京鐵塔》之前，我完全不知道哪個導演功力強，哪個導演能力差。

——最近，您經常和是枝裕和導演合作。

是的，到目前為止，如果包括只客串幾場戲的電影在內，我和是枝先生合作的次數最多。他的個性非常溫和，但也有著想窺探地獄的好奇心，雖然我覺得他應該沒有嘗過地獄的滋味，但他有這個好奇心，是一個很有魅力的導演。導演最重要的一個特質就是情緒不能太激動，否則，或許可以拍出一部好的作品，但很難持續下去。

——的確沒錯。

因為他們是現場最高指揮者。有些導演在情緒無處發洩，或沒有可以接納自己的地方時，就會欺負演員或工作人員。一旦發現什麼瑕疵，就會死盯著不放，演員只要犯了一點小錯，就會被導演遷怒。因為我自己也有這樣的傾向，所以當看到這種情緒激動的導演，就覺得他可能會一輩子吃虧，如果想繼續當導演，就必須收斂自己的性格。

——黑澤明導演好像很容易生氣。

是嗎？但他可以拍出那麼多出色的電影，別人應該覺得無所謂了吧！

——是枝先生從來不生氣嗎？

沒有，我從來沒看過他生氣。有時他會在瞬間感到驚訝，偶爾也會覺得他在壓抑自己驚訝的情緒，但他不會生氣。

——您也參與了《小偷家族》的演出對吧？

拍攝時真的好辛苦，我們在嚴寒的冬天，拍夏天的戲。因為是枝先生在團地[17]中長大，所以不怕熱也不怕冷，和那麼堅韌的導演工作，對演員來說太殘忍了。我是那種馬上就會抱怨的人，還可以發洩一下，但小演員們在幾乎結凍的地方，穿著夏天的衣服在雨中走路，雖然大家都稱讚他是很保護小演員的導演，但事實上……（笑）。

——和是枝先生同樣是坎城影展常客的河瀨直美導演也與您合作過吧？有《朱花之月》（二〇一一年）、《戀戀銅鑼燒》、《光》（二〇一七年）三部電影。

河瀨女士講話時措辭通常不會太強烈，但心情不好的時候，她會變得有點壞心眼（笑）。演得好時，她會很誠實地說：「好，OK！」但演不好的時候，她就會說「嗯，這個嘛……」。身為一個導演，她的指示非常明快，不管是年輕演員或任何人都可以做到，就這層意義來說，懂的人就懂，不習慣的人應該會無法適應吧！

——樹木女士和她合得來嗎？

嗯……不知道耶（笑），整體看起來，我覺得她「非常努力」。到了這個年紀，我不會擺出和導演對抗的態勢，而是一種站在場外看著自己的感覺。只要河瀨小姐說出：「嗯，這個嘛……」我就會說：「好，那我不這麼演。」不會堅持到底，不管是面對哪一位導演，我都不會堅持到底。

——從以前就是這樣嗎？

不不，是生病之後，體力慢慢衰退，沒力氣吵架了。

——《惡人》（二〇一〇年）中的樹木女士也表現得非常亮眼。您演的是妻夫木聰的祖母，後來遭到詐騙。李相日導演向來以「堅持」著稱，實際狀況又是如何呢？

17 指大量興建的廉價社區住宅。

就是因為太堅持了，到最後也生氣了（笑）。片中有一場戲是我到飾演詐欺者的松尾鈴木先生的辦公室，叫他「把錢還我」。之前老是很溫柔的喊我「奶奶」的松尾先生露出本性，對著緊緊抓住桌子的我怒喊：「妳這個臭老太婆，滾回去！」

——那是在長崎市拍的？我去過那個辦公室所在的大樓。

李導演很堅持地說：「再來一次」，但我任性地說：「很抱歉，我的班機時間到了，必須離開，就這樣吧！」然後就走了。

——哇，那場戲很有名呢！不管是完全變了一個人的松尾先生，還是被一腳踹開的樹木女士，演技都非常逼真。

就是說啊！但那天我真的非回來不可，我把預約車的時間往後延，好不容易才剛好趕上。我是在機艙門即將關上的前一刻，才跳上飛機的。松尾先生很可憐，因為我說「要回去了」，逼得他非得配合不可。我對李先生說：「剛剛那場戲拍得還不錯，你們之後再去剪接就好，我要回去了。」

——李導演應該嚇一跳吧！我一直很想請教有關樹木女士在《我的母親手記》中（二〇一二年）的演技問題。

沒問題！

——您演的是役所廣司先生的小說家母親。那個角色是以原作者井上靖先生的母親為藍本所寫成的。隨著電影的進行，年紀越來越大，感覺您的個子似乎也越來越小了。

是變小了。

——真的非常不可思議。

那時梅莉史翠普剛好在拍《鐵娘子：堅固柔情》，影片中的每一場戲、每一個鏡頭，都利用特殊化妝術，讓她跟柴契爾夫人看起來一模一樣。但我們這部片，上午拍年輕時的戲，下午拍上了年紀後的戲，每天都是這樣，我真是個很省錢的女演員呢！

——哈哈哈……我不知道您從早上到中午就變老了。

太粗糙了，真的太粗糙了。拍攝時間的安排非常草率，不過，就算這樣也拍完了。

——在片場花絮中，針對個子如何變小這個問題，您說「就像把骨頭拔掉一樣」。

沒錯，就像把骨頭拔掉的感覺。

——怎麼說呢？

那是和演《仙人畫家：熊谷守一》中的秀子小姐時一樣的演出方式。現在，大家都不想演那樣的老奶奶對吧？女演員只要一穿上和服，都會變得很漂亮，為了不變漂亮，就要縮小。最近我的骨頭變得更纖細了，很容易縮小，在拍《我的母親手記》時，要把骨頭拔掉真的很痛苦。

——把骨頭拔掉這個說法真的很有意思。樹木女士說的話經常有一種出人意料的感覺。

真的嗎？

——您描述的方法很獨特，卻也很容易懂，所以會很想聽您說話。

隨時歡迎（笑）。

——不過，您應該做得到吧？把個子縮小。

可以喔！

——是在哪裡學會的呢？

看看周遭，很容易就會發現彎著腰「蹉、蹉、蹉」走著的老奶奶。在觀察各種人的過程中，我會很想「試著像那樣做一次看看」。不管是不是老奶奶，我都想試試。

——原來如此。

不過，我並沒有特別想演什麼角色，也不覺得非怎麼演不可。

——不只是《我的母親手記》，在《投靠女與出走男》（二〇一五年）等片中，您也經常和原田真人導演合作。

嗯，我真的很喜歡原田先生。他可以用很低的預算，拍出感覺像是花了大錢的畫面，或是擁有好萊塢規格預算的作品，而且還非常有韻味。如果硬要挑毛病，我希望他可以進一步呈現類似人內心深處的東西。

——您對喜歡的導演很嚴格呢！

還有一點，有了深刻描寫內心的內容，再用那樣的影像技術和品味來拍攝，應該可以拍出很棒的東西。因為他很有才華，如果在電影中放入了太多，觀眾很難投入情感。

——的確，從正面的角度來說，確實蘊含了很多東西。

嗯，因為他把影片剪接得非常完美，所以我有一點不滿。我希望原田先生可以拍攝挖掘人們內在的電影，我是否參與演出一點都不重要，重點是他有這樣的才華。我不會說他應該要更勇敢的衝撞人生之牆，嚐到流血般的痛苦，但希望他能理解我的意思。這只是我個人的一點想法。

——《我的母親手記》就是描寫人心的電影。

那原本是井上先生的小說，與其說是小說，應該稱它回憶。片中有個土藏的奶奶的角色，她是電影中最有個性的人。土藏的奶奶因為過世，所以只在電影中出現一下子，剩下的都以照片來呈現。一開始，我要演的角色其實是土藏的奶奶，只有三、四場戲分。後來他們本來想找來演主角的女演員不想演這部片，所以才由我來飾演主角。

——原來是這樣。

從土藏的奶奶變成後來的角色。

——原來是因為這樣，所以才變成由樹木女士來飾演。我們剛剛提到，您得了很多獎。

是啊！

——我看了《小偷家族》片中的家庭擺設，真的很有意思（笑），我想起自己小時候，也是住在這樣的屋子裡。

雖然沒有那麼糟糕，但以前的房子就是這樣。我小時候，因為物質匱乏，住的也是《小偷家族》裡那種屋子。本來還比電影中的房子更簡陋，但後來有了電視，也換成了日光燈，總之就是開始使用電器用品。然後，壁龕裡的掛軸、水盤，和原先插的花漸漸不見，而是擺上了電視，接著又有了電話。在那之後，美麗的日本屋宅就消失了。

——的確如此。

優美的榻榻米文化慢慢從日本消失。在我家，洗衣機就放在玄關，我父母喜歡新鮮的東西，只要有什麼電器上市，他們就會馬上去買。當時，因為做的是每天都有錢入帳的工作，所以有能力購買。之後，日本的居住環境就越來越差了。

——真的是很雜亂。

在電視旁邊，放著在紀念品店買的信插，孫子的手會突然插進那裡。然後還有貝殼和木芥子[18]擺飾，出現非常殘酷的變化。

——《小偷家族》電影中的家，完全展現了那種殘酷的模樣。

在無家可歸者聚集的地方，的確有那樣的房子。想到這裡，我參與拍攝並在今年（二〇一八年）上映的三部電影，讓人感觸良多。

——這三部電影完全是不同的類型。

能夠演出完全不同類型的電影，真的非常幸福。人們總喜歡說「往後……」，但我現在七十五歲了，對我而言，我真的覺得，「我的人生是紮紮實實地走來的」。

18　源於日本東北地區的木製人偶。

結語

人生至此，已然圓滿

——從發現乳癌到現在，已經過了十四年。訪問進行到現在，我發現，樹木女士的人生觀不斷在改變。

應該是不斷改變吧！我以前一直以為身體是自己的東西，結果發現事情根本不是這樣。身體是借來的，我只是借用了父母生出這個身體，然後，我這個帶著莫名性格的人格住了進去。

——哈哈哈……是這樣嗎？

不過，我從年輕時開始，就一直很不客氣地把這借來的東西當作自己的在使用，現在更發現，我在使用時實在有些草率，就算跟它道歉，說聲「對不起」，也已經太遲了。能夠活到七十五歲，成為後期高齡者，真的是非常不容易的一件事。我從六十五歲就開始領年金，應該也沒什麼好要求的了。

——現在，您是不是不再那麼草率地對待這借來的東西呢？

是啊，吃東西時會考慮很多。所謂考慮，不是去想這東西對身體好不好，而是不管吃什麼都會細嚼慢嚥，吃完後還會說句：「承蒙您的招待」，表示感謝。

——不可以覺得東西很難吃嗎？

的確還是有東西會讓我覺得不好吃（笑）。即使如此，我還是不會說它「難吃」，會細嚼慢嚥地抱著感恩的心情吃下去，把食物變成自己的肉體。再來就是屋子。

「我現在幾乎沒什麼物欲了……相隔十年去更新護照時，照片上的容貌老了，但身上穿的衣服卻是同一件。」（照片提供：朝日新聞社）

——您是說房產嗎？

沒錯。因為房子和土地都是我買來的，所以會很自然地覺得那是自己的東西，對吧？不過，那也是跟地球借的東西，向東京都借的東西，向日本借的東西。追根究柢，我認為這些都是借的東西，當時我恍然大悟，也不再有「想要這個」、「想要那個」的欲望。生病後，我終於瞭解離開人世時，沒辦法把這些東西帶去，而物欲也就瞬間消失了。

——我也希望自己可以變成這樣。

回首人生，我覺得自己過得十分充實。大家經常說：「人難免一死」，像我這樣和癌症共處這麼久，罹患這麼多癌，已經不是「難免一死」，而是「隨時都會死去」。關於這一點，我的感覺是：「辛苦您了，現在讓我把借用的東西還給您。」心情非常輕鬆。

——您已經做好心理準備了嗎？

從旁人看來，這或許可稱為「心理準備」，但這並沒有什麼大不了的，我的「想法」完全沒有改變，就像我過去隨著自然發展活到現在，應該也會隨著自然發展死去。

——隨著自然的發展嗎？

是的。我的丈夫內田裕也經歷過很大的痛苦，和這樣的人有所連結並非偶然。之前，我一直被狗仔隊跟蹤，心裡非常火大，但內田先生卻說：「我說妳啊，記者也是人啊！」也就是說：「雖然記者代表媒體，但他們也是人，妳應該把他們當作人，好好面對」。

——還蠻意外的。

我說：「那一定是在採訪之前就寫好的，怎麼可能好好面對。」當時我雖然把話頂了回去，但心裡覺得確實應該好好地跟記者表達，如果他們還是聽不進去，那也沒辦法了。這是內田教我的。

——對了，內田先生曾在電影《不需要漫畫雜誌》一片中飾演演藝圈記者。所以內田先生知道如何面對那些記者嗎？

不，他會跑掉（笑）。內田也有他溫柔的地方，所以他會跑掉。雖然我們幾乎沒有在一起，但應該是有緣分吧！所以我跟內田說：「跟你一起度過人生真是有趣。」

——我們的採訪接近尾聲了，有關現今的電影，您有什麼想法？

看到年輕，也有想法、目標的導演不斷出現，是一件很棒的事，我希望以後不管是導演或演員都可以越來越多。

——一起在《小偷家族》中參與演出的安藤櫻小姐，現在已經成為很出色的演員了。

她除了擁有正常的部分，也有突破框架的特質，兩者的平衡非常有意思。以人的角度來看，人品也非常好，不是個討厭的人，這一點以後會變成一種魅力。如果有更多這樣的演員，應該可以創造出更多精彩、熱血的電影。

——看著安藤小姐，讓人想起樹木女士年輕的時候。

不不不，我完全比不上她，我的人品沒那麼好，你這樣說，安藤小姐太委屈了。我的人生有很多缺點，因為我總是帶著扭曲的角度在觀察別人。櫻小姐的優點在於人品，她會仔細觀察別人以怎麼樣的心情來反應，或是有什麼因素讓別人產生不愉快的情緒。不過，這個特點不是光靠人品，有一部分或許是從父母遺傳而來，真的非常好，希望這樣的人可以多一點。

——您認為日本電影的未來有發展性嗎？

電影是一種思想，在技術上，雖然還比不上美國或歐洲電影，但在對事情的思考方式上，未來，由日本人創作出的電影應該非常值得期待。日本是一個可以把東、西方思想巧妙融合的國家，所以，我期待大家可以藉此創作出精彩的作品。

除此之外，我也希望創作者可以變得更加成熟，不要只看誰得了獎這種表面上的輸贏，從日本電影中，我們能夠看出個人的魅力如何展現出來。所以我非常期待之後的發展，不過，那時我應該已經進墳墓了。

——請您再繼續為日本的電影努力。非常感謝樹木女士在這麼長的一段時間裡，接受我們的採訪。

這樣不斷跟你說我的故事，讓我瞭解到，透過不同機緣中和不同的人相遇，我不斷進行破壞和重建，在接受影響的同時繼續生活。我可以很有信心的說，我過去的人生十分圓滿，現在，就在這裡跟大家說再見了。

—特別收錄—

內田也哉子
談母親樹木希林

內田也哉子

作家、翻譯家。一九七六年生於東京。著有《紙上電影》、《會面記》、《當父母和孩子被養育時》（與志村季世惠共著）《BROOCH》，翻譯作品有《重要的事》、《岸邊的兩人》、《戀愛的人》等。在電影《東京鐵塔老媽和我，有時還有老爸》一片中，以年輕時的老媽（樹木希林）一角，榮獲第三十一屆日本電影學院獎新演員獎。為音樂團體 sightboat 的成員，擔任歌手並負責作曲。育有三子。

媽媽的離世是一份無可取代的禮物

二〇一八年九月一日，樹木女士住院後半個月。

我到病房時，媽媽宛如自言自語般不斷地嘟囔著。我以為她的腦筋已經不清楚了，仔細一聽，發現她不斷對著窗外的街景重複說著：「不要死」、「求求你」、「生命很珍貴」。我心想，她的意識果然已經有點混亂了。我隨口問她：「怎麼了？」她說：「因為今天是九月一日。」

晚年，媽媽很關心學童拒絕上學的問題。她知道暑假結束、學校開學的九月一日，是孩子最容易自殺的時候。就因為她自己瀕臨死亡，所以更能強烈感受到「有著大好前途的孩子，因為承受不了各種壓力而自殺，是多麼遺憾的一件事，絕對不可以讓它發生。」

再過半個月後，樹木女士突然說：「我想回家。」

剛住院時，母親滿意地說：「這裡比三流飯店的套房還舒服。」但是，住院一個月後，某天她突然說：「我想回家。」雖然當下我告訴她：「不，絕對不行。」但和主治醫師討論後，醫師說：「她說想回家嗎？如果病情再繼續惡化下去，就無法回家了，要回家只能趁現在，她自己可能也知道吧！」

後來，我們租借了床鋪和照護用具，並安排可以居家看診的醫師和護理師，兩天後，搭著無障礙計程車回家了。在這過程中，媽媽一動也不動，現在回想起來，我想媽媽應該是想保留體力，一步步走向人生的盡頭。

媽媽在回家前，指揮並安排所有的準備工作，她說：「床鋪要放客廳，不要放在寢室，讓大家可以照常生活。」當護理師和我們正忙著張羅一切時，媽媽說：「拿張紙給我。」她寫下：「不用太在意我，只要讓大家方便照顧就好，麻煩妳了。」

媽媽的善體人意，連護理師都驚訝地說：「真了不起。」

那天晚上，「終於一切都安排妥當了，那我們去睡囉！」我說。正當我要走回自己的房間時，媽媽把我叫住。她把手伸出來，握住我的手，我問：「怎麼了？」媽媽用很小的聲音，說了三次「謝謝」。

「別這樣，太肉麻了（笑），現在才要開始照顧吧！明天我會跟裕也（父親內田先生）說一聲，大家都會過來，以後應該會很忙喔！」之後，我跟她說了聲「晚安」，就回房去了。

大概到了半夜一點多吧！負責照顧媽媽的護理師把我們叫起來：「請大家下樓。」我們馬上跑到媽媽身邊。她的意識已經很模糊了，我和先生（本木雅弘）、大兒子雅樂、二兒子玄兔一起圍在媽媽身邊。長女伽羅因為大學開學，已經回到美國，所以我們透過手機視訊，讓大家可以看見彼此的臉。

我的心情非常激動。好不容易終於回到家，鬆了一口氣，才正要好好照顧她⋯⋯今年八歲在英國長大的玄兔用英文說：「媽咪，沒關係，就算身體不在了，外婆的靈魂也會永遠在我們身邊。」我嚇一跳（笑）。我不知道這句話他是從哪裡聽來，還是自己感受到的，這麼小的孩子，看到外婆在眼前即將離開，竟然可以這麼冷靜地安慰媽媽。「嗯，是啊！」我回答他。

不過，玄兔最特別的地方是，當媽媽真的快要斷氣時，他突然說：「啊，謝謝您總是餵我吃好吃的水果。」他似乎突然想起，媽媽經常在點心時間，剝橘子給他吃，大家都笑了。我除了「謝謝」外，已經說不出其他的話，孩子反而可以自然表現出自己的想法，真的很有趣。

半夜兩點，我打電話把爸爸叫醒，爸爸當時也是不斷重複進出醫院。「爸爸，媽媽快走了。」我說，「你要不要跟她說句話。」「妳等一下，等一下啊！」爸爸焦急地說。爸爸說：「啟子，喂，妳振作一點、振作一點。」爸爸的聲音非常激動。

雅樂當時握著媽媽的手，他說，聽見爸爸的聲音時，媽媽的手突然緊握了一下，有了明顯的反應。如果媽媽沒有回家，還留在醫院的話，我們應該會來不及見她最後一面吧！媽媽讓我們看著她嚥下最後一口氣，我們則對她表達了自己的感謝，再加上長期不住在家裡的爸爸，當時的情景，我一生都無法忘懷。

媽媽經常說：「想讓家人看看自己死去時的模樣。」之所以會有這種想法，是因為所謂的日常，是珍貴瞬間的不斷累積，她想用自己的生命讓我們知道，人會在自然的循環中出生、死去。若能瞭解這是無可取代的每一天，不斷累積出的人生，在生活中，不管面對再小的事，都會心懷感謝。不管面對誰，也都可以懷著慈悲之心與之相處。果然，經歷了身邊人的死去，就能夠不需任何理由地接受這些道理。

一直到剛剛都還在呼吸、說話的人，下一個瞬間便消失了。身體被燃燒成灰，埋葬在墳墓下，歸於塵土，她說：「希望大家可以看到這個過程。」甚至連八歲的玄兔都說：「外婆去世了，好難過。」媽媽教會我們何謂人生，我想這就是媽媽的目的。在那之後，不知為何，我發覺孩子們的容貌改變了，這真是一份無可取代的大禮。

當時，如果媽媽沒說「我想回家」，她的計畫就無法實現，媽媽一定知道「接近臨終時刻了。」雖然醫師說：「現在回家很危險」，但為了不讓家人承受痛苦，媽媽自己做了這個決定，並且完美打理一切，毫不慌亂地結束所有的事。她說：「這就是所謂的準備行囊。」

爸爸去世時，大家都說，媽媽似乎也把爸爸帶走了。因為爸爸才剛走，所以大家有些語帶抱歉地說：「他被妳媽媽帶走了。」話中之意似乎是「那就可以放心了」（笑）。因為我一直對媽媽說：「雖然這樣說很對不起爸爸，但我還是希望爸爸先去世。」如果媽媽先走了，我一定會擔心「爸爸以後一個人怎麼辦」。

與爸爸密切往來，整理遺物

從媽媽去世到爸爸離開的這半年間，我第一次和爸爸如此密切往來。在那之前，我們一年只碰一、兩次面。媽媽在世時，爸爸的事全都是媽媽在處理，相較之下，這半年來，我更頻繁地上醫院看爸爸，出院時也慶祝了生日。爸爸健康時，我一直想和他過著平靜的生活，但一直無法如願。或許是媽媽特意留給我一段時間，讓我至少可以陪在孱弱的爸爸身邊。

媽媽把一切都整理好之後才離開，但爸爸完全相反。當我去爸爸住的大樓整理遺物時，東西都滿出來了（笑）。爸爸向來喜歡穿紅色襪子，不管是抽屜的哪一層，都有紅色襪子（笑），有好幾十雙呢！甚至有很多根本還未拆封。他從世界各地買了各種嶄層設計的紅色襪子。

爸爸也很喜歡鞋子。看到喜歡的鞋子，同樣的款式甚至會買上兩雙或三雙來囤放，太陽眼鏡也是堆了滿桌，有好幾十副，我打算把這些捐給在年末例行舉辦的搖滾音樂節慈善活動。

媽媽似乎曾經幾度去過爸爸家，她笑說：「那堆積成山的物品真叫人瘋狂，應該沒有像我們這種個性完全相反的夫妻吧！」我第一次看到爸爸的房間時也嚇了一跳，雖然沒有價格貴得驚人的物品，但爸爸真的囤積了很多東西。令人難過的是，他買東西的錢都是媽媽和本木先生給的（笑）。

媽媽極力過著節儉的生活，但爸爸卻非常奢侈，好像在比賽一樣（笑）。看到這兩個極端，以後應該沒什麼好怕的了。

我想，如此一來，算是為爸爸完成喪儀了。

墳墓下只是一個空空的洞，這讓我第一次有了罪惡感，覺得「真要放進這樣的地方嗎？」看到媽媽的骨灰罈旁邊擺著爸爸那大上許多的骨灰罈，讓人不禁感慨：「啊，一個故事就這樣落幕了」。

在爸媽的喪禮上，致詞時費盡心思

在媽媽和爸爸的喪禮上，也哉子小姐的喪主致詞並沒有依照慣例而做，她費盡心思，得到非常高的評價。

媽媽去世時，真正的喪主是爸爸，但他因為身體不適，無法出面，於是只好由我來跟大家致意。一開始，我很想逃避這件事，但我想起媽媽曾說：「如果妳有想法，不管再怎麼笨拙，也要把它表達出來。」所以，在告別式的前兩、三天，我才下定決心出面致詞。讓我感動的是，之後有很多人向我表示他們對我的致詞也「心有同感」，讓我十分安心。

看到樹木女士將裕也先生寫給她的情書夾放在相簿中細心珍藏，讓許多出席者熱淚盈眶。

發現那些信件時，雖然有些不好意思，但我還是覺得「一定要讓大家看看」，我想和大家共享那份驚訝。因為每個人都在想：「這到底是一對什麼樣的夫婦？」，希望可以藉此讓大家稍微想像一下，這兩人年輕時的關係。

媽媽曾說：「喪禮不用太過盛大」、「只要埋進墳墓時，請寺廟來誦經就可以了」。但爸爸完全相反，他說：「我的喪禮要在青山葬儀社盛大舉行，治喪委員會主席由田邊昭知擔任，又要請誰和誰來閱讀哀悼詞。」（笑）結果，媽媽的喪禮也變得很盛大。就算是默默舉行，還是會被偷拍，所以我們特別設置了媒體採訪區，讓場面不致於太過混亂。

出席喪禮者，或是透過電視或媒體看見喪禮報導的人，都是人家的孩子或父母。雖然當時沒有想太多，但在詢問過大家的感想後，我發現，與其說是「他人的死去」，我們或許是將媽媽所謂的「讓大家看到死亡的模樣」這件事，直接傳達到那些不認識的人眼前。

媽媽經常說：「我不管是在工作或私底下，都必須完全暴露在眾人面前」、「雖然有很多丟臉的事，但丟臉時，不要想著把它抹去，而是要思考自己該如何理解這些事。暴露在他人面前，表示自己也必須清楚觀察，以這層意義來說，身在演藝圈真的非常幸福。」

我必須在媽媽的喪禮上做到這一點，所以我一直在摸索「要如何面對這場喪禮」。我真實感受到「和看過媽媽人生的人一起弔唁，透過電視和紙本媒體，一起凝視媽媽的死去」這件事。

我心想：「媽媽已經去世很久了，為什麼大家現在才對她說過的話和生活方式感到興趣？」那麼特別的人是哪裡可以讓大家產生共鳴呢？就因為實在太特別了，所以那種違和感才會這麼有趣嗎？

說了也沒用的話就不用說了

媽媽晚年時經常說：「雖然我好像癌症或死亡的傳教士，但因為我也沒死過，所以我並不清楚。」我以為媽媽真的死去之後，會來告訴我一些什麼，但是完全沒有（笑）。

包括我自己在內，我想大家都過於深信「人一死就什麼都沒有了」這個想法。媽媽的宗教思想傾向佛教，她深信轉世輪迴。現在，借用這個身體，出生在這個時代，但下次，不知道又會透過什麼樣的機制來輪迴，可能會投胎轉世，或有個可以讓靈魂安定的場所。媽媽似乎認為：「人不是一死，人生就變成一片黑暗，一切都結束。」

媽媽也尚未經歷這個過程，應該也會感到害怕。但是她曾經針對「好可怕」、「我不會」、「討厭」等情緒的處理，做了很多訓練。所以，對於如何接受或跨越這些試煉，應該已經有了心理準備。

就我來看，生病之後，她有點像是在修行的僧侶，特別是在被宣告還有多少時間可以活之後。當然會非常疼痛、痛苦和害怕，所以她似乎把「自己要如何活下去」這個念頭放在內心的某個角落，不斷自問自答。

儘管如此，她還是很有幽默感。所謂幽默感，應該是內心的餘裕吧！雖然媽媽在健康時也是如此，但就因為想到「人生已經沒剩多少時間了」，內心才更有餘裕，她經常帶著幽默感，不管遇到任何事，都勇敢面對。在她心中，應該已經有了這樣的信念，這一點是非常堅定的。

生了這麼嚴重的病，卻未曾說過「好痛苦」或「好痛」，未曾讓人看見她的脆弱。但她並不是勉強虛張聲勢，刻意不讓人看到自己脆弱的地方，而是說了也沒用的話，她選擇不說。不只是生病，就算是背負了爸爸這麼大的苦難（笑），還是沒看到她絕望的樣子，真的非常了不起。

身為她的女兒，我甚至會想「這個人，真的是人類嗎？」、「妳真的、真的不痛苦嗎？」我試著從各種角度試探，但她完全沒有動搖。對了，在她去世前一個月，媽媽曾經大腿骨折。我開車載她去醫院，因為她實在太安靜了，我便轉過頭問：「妳什麼話都沒說，真的不痛嗎？還好嗎？」她說：「很痛啊！」（笑），似乎只有在那個時候，她說了「痛」這個字。

前不久，或許是因為骨頭脆弱，她鎖骨骨折了，痛了大約一年。但因為她沒說，所以我並不知道，只覺得「她似乎身體有點不太靈活」。有一次，她跟我說「因為我這裡骨折」「咦，什麼時候的事？」「大約一年前」「什麼？」我非常驚訝。

我問她：「妳怎麼都不說呢？」她說：「講了也沒有用啊！」（笑），我確實無法把她治好，但至少可以分擔她的痛苦，可以幫她做些事，跟她一起去醫院，或是拿個主意什麼的。就像這樣，她就是一個這麼獨立的人，非常了不起，跟她相比，我一點自信都沒有（笑）。

媽媽從不依賴家人，就算罹患癌症，也要把工作完成。她的最後一部電影是德國片《櫻花盛開》，她獨自到拍片現場工作。雖然是我的媽媽，但一直到最後，我仍然覺得她確實活得非常精彩，她沒有非常拚命，而是用輕鬆地態度生活。

我猜媽媽應該是「不想用自己覺得不美的方法過活」。不是好壞的問題，她只是用自己的標準來決定一切，再往前行。

要說痛苦當然是很痛苦，但我想她應該是對身邊的人都抱持著強烈的同理心。即使我跟她說：「媽媽，您已經這麼痛苦了，只要考慮您自己的事就好。」她還是在擔心別人，這就是她的個性。

針對這樣的性情，她曾經說：「真的是很麻煩啊！」正因為可以看清所有事物，所以她知道「如果下次這樣做，就會變成那樣，所以必須先做這件事」，不管作法是否正確。所以，她一定要說出口，也一定會動手。

媽媽喜歡多管閒事，而且情感豐富

我非常感謝各位美化我的母親，但我這個女兒在她身邊成長的過程中，卻有好幾件事令我感到非常厭煩，不過，也因為如此，可以看見媽媽是徹底地做她自己。比方說，垃圾掉在路上要自己撿起來；如果有人想要搭便車，就讓他搭乘；看到有人遇到困難，就算趕時間，也要問：「怎麼了？」總之，就是多管閒事。

某次，住家附近有兄弟在吵架，媽媽從窗戶探頭張望後急忙下樓走過去。我們看到兩名年輕男子扭打在一起，我跟媽媽說：「不，不要去，太危險了」，但她卻從後面抱著動手打人的哥哥，然後說：「我知道，我懂你的心情，很痛苦吧！」

要勸架時，不是通常都會說：「你們在幹什麼？」或是「不要打了！」但媽媽抱住動手打人的一方，結果對方也嚇了一跳，因為有個奶奶突然出現，對著自己說：「我懂你的憤怒」。後來那兩個兄弟都因為受到驚嚇，不再打了（笑）。不管遇見什麼狀況，她總是想都不想，就去做自己能做的事。這就是我最討厭的一點。

因為這麼做很可怕吧！搭便車也一樣，她會讓完全不認識的大叔坐上車來。現在媽媽去世了，當這個喜歡管閒事的人離開之後，我開始覺得，媽媽所做的，在人活著的過程中，或許是一件必須珍惜的事。

我覺得自己心裡並沒有像媽媽那樣豐沛的情感，這或許是因為，只要身邊有氣勢強盛的人，就沒有我出面的機會。只要有人懷著滿腔的正義感，我通常就會讓那個人去處理，自己躲在旁邊看。在媽媽去世後，現在我開始思考自己是否可以像她一樣。

有時會因為家人間的距離感而覺得寂寞

還有一件事讓孩提時的我非常痛苦，那就是媽媽是個藝人。自從懂事後我就發現，這個媽媽不只是自己的媽媽。「不管在哪裡都會被認出」、「為什麼不多留一點時間給我」、「對素未蒙面的人那麼客氣，為什麼對我卻這樣？」青春期時，我的心裡非常糾結。

媽媽說：「我對家人反而會保留一定的距離感」，所以不知不覺間和她總有一種疏遠的感覺。或許，這就是媽媽的作風，即使是身為女兒、丈夫、孫子，都會感受到一種看不見、摸不著的距離感。雖然這一點也很值得感謝，但有時還是覺得寂寞。

不過，因為她的個性比較激烈，如果不保持這樣的距離，我們應該會反目成仇吧。就因媽媽瞭解這一點，所以她一直控制著這種距離感，當然，並非無時無刻都經過刻意計算，但總之就是完全不會黏在一起。

比方說，我曾和媽媽討論孩子未來的發展。她一開始就擺出一副事不關己的態度說：「這不是我的責任，不要問我。」隔天，她卻提出自己的想法：「我稍微想了一下，妳覺得這樣如何？」如果我說：「那樣行不通吧！」拒絕她的提議，她就會說：「這樣嗎，那就算了，妳自己想。」馬上結束話題，就只會跟我提那麼一次。

因為我自己有孩子，完全可以體會要保持這種態度是非常困難的。「為什麼她總是能夠控制自己的想法呢？」我覺得非常不可思議，為什麼我沒有遺傳到她這種能力？媽媽曾經笑著說：「因為女兒會遺傳爸爸的個性啊！」

我的孫子討厭我呢

媽媽老是對我說：「妳的想法太天真了」或「妳要看清楚事情的本質」。雖然這些話不至於讓我感到生氣，但她總是會戳中我最痛的地方，讓我只能投降的說：「我承認。」從我小時候開始就是如此，完全被當成孩子，事實上，不只是我，她也會很自然的斥責別人家的孩子。所以我很怕請朋友到家裡，朋友會被媽媽罵，因為她真的會毫不留情的嚴厲斥責（笑）。

對待孫子也是一樣。一般來說，爺爺奶奶都會很疼愛孫子，買很多東西給他們，但媽媽並不會給孫子任何東西，也不會胡亂誇獎，她真的是把孫子們當成完整的個體來看待，或是加以批評。她會說：「那不對吧！」所以孫子們並不喜歡她（笑）。小孩都很敏感，當媽媽來到我家，把視線朝向孫子時，他們會說：「不要看我！」（笑）。

媽媽覺得很有趣，她說：「太厲害了。」、「我只是看著他們，他們卻連這樣的視線都無法忍受，這孩子太有意思了。」她是從這個角度在觀察的。正常的話，應該會很失落吧！也會跟別人抱怨：「我的孫子討厭我呢！」裕也也一樣，他到我家來時會說：「妳被孫子討厭了對吧？」、「現在玄兔心情很好，我來跟他說說話吧！」當玄兔說：「你不要過來，不要看我！」裕也會很開心地說：「哇啊，好可怕呀！」真的很有意思。

有一次，我們在樹木女士家進行採訪時，玄兔剛好從學校回來。那個時候，他邊喊：「外婆」邊跑到樹木女士身邊。

我媽媽應該會說：「哇，太稀奇了。」這樣的事大概二十次只會發生一次，然後，她會出現一副幸福至極的表情。我想這個外婆應該不喜歡別人黏著她，最理想的狀況是，平常不要理她，偶爾心情好的時候，她就會來找你玩。

孩提時代，從來沒有人帶我去玩具店或服飾店。說到買東西，大概就只是跟著去販售自然食品的超市，至於衣服，都是穿別人的舊衣。媽媽會把她認識的女演員不要的衣服，改短一點讓我穿。

媽媽似乎不是天生的禁欲派。她在一般家庭長大，年輕時應該也經歷過喜歡買東

二〇一五年，樹木女士因電影《戀戀銅鑼燒》受邀參加坎城國際影展，樹木女士和內田也哉子小姐（右）、孫女伽羅小姐（左）一起造訪坎城。（攝影：石飛德樹）

西、東西多到滿出來的時代。不過從某個時候開始，不知什麼原因，她對消費社會感到憂心。在那之後，她的態度轉變成除了必要物品，什麼都不買。若要說我出生後被養育成什麼樣的孩子，大概就這一點最符合媽媽的風格。

她第一次買衣服給我是為了慶祝我升上中學。我們偶然經過山本耀司先生的服飾店。「妳需要一套可以穿著去參加婚喪喜慶場合的正式套裝。」她說。當我煩惱地說著：「啊，這件不錯，那件也好，外套和長褲，搭配外套的裙子，還有洋裝。」媽媽說：「那就全都買了吧！」她全買給我了。我一直無法忘記那件事，她的大手筆著實讓我嚇了一跳。

當時買的衣服我現在還在穿。媽媽偶爾也會說：「那件借我穿一下。」有件藍色的外套，我們經常輪著穿，因為已經穿了三十年了，可說是完全回本了（笑），我的認知從「家裡很窮」，轉變成「原來我家這麼有錢」時，受到相當大的衝擊。

現在回想起來，她應該是想教導我，在眾人理所當然地認為物質豐足的現代，「如果只有這些東西的話，該如何發展」的創造力。不過，我在教養子女時發現，這件事真的非常困難。比方說，當孩子說「身邊的朋友都有，所以我也要」時，為了不讓孩子覺得孤單，還是會買給他們。這件事若從媽媽的角度來看，應該會覺得很愚蠢。因為她的價值觀是「自己應該怎麼樣，和身邊的人無關」，這一點真的很難模仿。

文具也一樣。在我還是小學生的一九八〇年代，無印良品剛剛出現。它們的商品基本上都是白色、褐色和灰色，設計非常簡單。我的文具上沒有印上任何卡通人物，完全沒有花樣。朋友們彼此間會拿著可愛的文具說：「下次我們來交換」，但我卻完全無法加入，我真的很討厭這樣，當時真的很痛恨媽媽（笑）。

「有卡通人物的文具品味太差了。」媽媽說，「妳覺得那種醜東西很好嗎？」、「我沒辦法認同那種品味，因為錢是我出的，妳只能買我喜歡的東西。」

關於制服和便當

當小學的制服換新時，雖然學校說「穿舊式的也可以」，但大家還是都換了。其實只是格紋裙上的格子大小和顏色稍微做了變化，沒有太大不同。「那種東西不用買。」（笑）媽媽說，「把現在的制服穿到破為止，想買的話用妳自己的壓歲錢買。」後來，我努力存錢，終於買了新的制服。就這樣，我比別人更懂得物資的可貴。不管是一個玩具、一件衣服、一項日用品，全都一樣。不過，孩提時代，我真的對媽媽的禁欲主義非常反感（笑）。

便當也是。我們家吃的是糙米，所以是褐色的。便當中的小菜也是燉煮料理、梅子、鮭魚這種典型的日本便當菜色，沒有任何色彩。當時可是八十年代呢，那是在泡沫時期的巔峰最不可能出現的便當，所以我總是躲在角落吃。

長大之後，朋友會跟我說長壽健康飲食如何如何，自然飲食又如何如何，沒有經過精製的褐色食物對身體有多好，聽到這些話，我的心情總是非常複雜（笑）。「一定要讓小孩吃好的東西。」媽媽常說，「其餘的，這個社會會自然的把他們養大。」我現在發現的確是如此。

就像《漫畫舊時日本》書中會出現的，我家總是用鐵鍋蓋上厚實木蓋這種宛如飛碟一樣的鍋子來炊煮糙米，高湯也是用小魚乾和昆布來熬煮，再做成味噌湯，幾乎不吃肉，多半都是燉魚或烤魚，然後就是米糠醬菜。

現在回想起來，的確是極為健康的食物，當時我不過是個孩子，卻會說：「好想吃白飯。」偶爾，媽媽會帶我到外面吃，有次我說：「媽，白飯好好吃喔！」餐廳的人聽了之後跟媽媽說：「妳到底給孩子吃些什麼？」（笑）。到別人家裡去時，我都會說：「竟然有這麼、這麼好吃的東西！」對方聽了也非常開心地說：「也哉子不管吃什麼都吃得很高興。」

媽媽的教誨

媽媽雖然工作很忙，但她一定會煮飯、煮味噌湯，然後再留下一張字條，上面寫著「吃放在冰箱裡的東西」。我是個鑰匙兒童，獨自回到家後，看了紙條後，就按照上面的吩咐把冰箱的東西拿出來，一個人吃飯。大概從小學四年級開始，我就會自己煮味噌湯了。

雖然當時有很多調理包，但我連看都沒看過，孩提時代也沒去過速食店。上了中學後才第一次和朋友一起在下課後去速食店。我還記得當時滿心雀躍地跟著朋友前往，覺得漢堡和薯條實在太美味了（笑），這兩種生活方式真的非常極端。

媽媽那時有很多電視、廣告的工作，也經常到國外拍攝。當要去人們比較少去的國家時，她一定會讓我跟學校請假一個禮拜或十天，帶著我去。當時我對她說：「請假這麼久好嗎？」媽媽便會擺出一副「當然啊，去那些國家比較能夠累積人生經驗吧」的態度，就算老師說：「請假這麼多天，回來會很辛苦喔！」她還是堅持：「這件事比較重要，請學校讓學生自由請假。」

媽媽從來沒有跟我說過「快去唸書」，就因為她沒有這樣說過，我反而感到害怕。考高中時，我說「大家都去補習班，只有我沒去」，拜託她讓我上補習班。媽媽卻說：「如果在學校無法學習，到哪裡去都一樣。」她認為最重要的是深入研究自己喜歡的事，自己去觀察、體驗，她從來沒有跟我說過考試要考幾分，我覺得這一點真的非常厲害，因為我現在還是會問孩子：「功課做完了嗎？」（笑）。媽媽跟我說「要讓他們自己想通」，我心想「妳說得沒錯」。

我擷取了媽媽育兒的精華，但還是希望在一般社會中不要顯得太過突兀。孩提時，我真的很寂寞，覺得這樣的生活有點殘忍。所以，我想應該保持在適當的程度，媽媽也說：「妳做的也沒什麼不好。」「因為我只能這樣過日子啊！」

不過，媽媽曾說我「花太多時間在孩子身上了」、「如果從沒有吸塵器或洗衣機的時代來思考，現在的父母就是因為時間太多了，才有那個閒工夫去思考孩子的將來」、「與其如此，還不如父母親去工作，做他們自己喜歡的事，孩子雖然是看著父母的背影長大的，但小孩也有他們自己的生活方式，時而跌倒，時而爬起，只要能好好長大就好。」

媽媽臨終前曾跟我說，不要當專職家庭主婦，要「多做一點工作」，她說：「要善加利用時間，和更多社會上的人接觸。」我想她一定是想告訴我，要獨立，身為一個人，要活出自己的人生，而想做到這一點，就必須找到自己想做的事。媽媽認為，很重要的一點是，找到自己想做的事之後，還要回饋給身邊的人和社會。

一般來說，就算有理想，也很難實現，但媽媽認為，與其用腦子想，不如先去做。解決問題時，要以充沛的能量和速度感來進行。她說：「最討厭的事要先做。」「把事情往後延會更痛苦，一定要先做。」小時候，媽媽經常這樣告訴我，但我完全做不到（笑）。不過，因為她這麼說，所以我三次裡面會很努力的做一次。就算是女兒，也不可能像她一樣有這麼旺盛的意志力和行動力。

媽媽的娘家是平凡安穩的生意人。但自從出生後，她就經常被人家說：「啟子，這樣以後會沒飯吃喔」、「因為她嘴巴很壞，而且不管任何事都看得很清楚」。這是與生俱來的特質，她可以看清事情的本質，所以，我認為「媽媽有機會成為一位演員，真的是太好了。」因為其他不管是什麼的職業，都不能只靠自己，身邊的人應該會受到很大的傷害（笑）。

她本人也是這麼想的。看到別人令人厭惡之處，她會說：「就把它運用到下一次的角色吧！」應該很難找到這種職業吧！因為她觀察力非常敏銳，所以很自然就會看到。當媽媽一眼失明後，她說：「這樣剛剛好」、「因為過去看得太清楚了，現在這樣比較輕鬆。」擁有如此敏銳的觀察力，自然有她辛苦的地方，演員應該是她的天職吧！

如果父母都很極端，自己就會踩煞車

經常和樹木女士演對手戲的由利徹先生曾經跟樹木女士談論到關於也哉子小姐的事，他說：「這是妳和裕也的孩子吧？你們怎麼可能生出這麼認真乖巧的孩子？」他覺得非常不可思議。

雖然還是個孩子，但如果父母都非常極端，自己就會踩煞車。我會想「不可以變成那樣，也不可以變成這樣」，因為不管是爸爸還是媽媽都非常極端（笑），所以會自己找尋中庸之道。

但相反的，我覺得自己的人生太無趣了，因為一直在維持平衡。我曾經想，如果不是出生在這樣的家庭，我會希望成為什麼樣的人呢？答案可能是「一個能夠客觀地保持距離觀察一切的人。」

唸小學時，我會徹底隱瞞，絕不會跟同學說我的父母是誰。我堅持：「媽媽絕對不是演員，是一般家庭主婦。」幾乎就是在撒謊，或是：「不，我們沒有關係。」

不過，等我十九歲結婚時，因為丈夫是演員，我想「已經沒辦法隱瞞了」（笑）。「我所有的家人都必須曝光了」，感覺只能「接受命運」。現在，就算被問到父母的事，我也能毫無隱瞞地自然回應：「是啊，沒錯。」

我出生時父母就已經分居。雖然媽媽的情感非常豐富，但也有讓人覺得「好冷淡啊！」的時刻。她當然也有自覺，她就曾經說：「那是一體兩面」。她絕對不只是一個愛管閒事的歐巴桑，因為那是帶有某種冷酷人格所釋放出的濃烈情感，該怎麼說呢，或許可說是純度很高，而且有著尖銳刺入的力量。媽媽不是那種因為怕給人家刺激，所以表現得很溫柔的人，所以她非常恐怖，也很偉大。

而爸爸是一個極為細膩的人。媽媽也曾說，如果我是男人，可能無法一年三百六十五天都和那麼敏銳的太太生活在一起。媽媽自己最瞭解這一點，就因為如此，媽媽把另一棟大樓的鑰匙交給爸爸，然後說：「拜託你，我們分居吧！」

如果再繼續一起生活，不管是爸爸還是媽媽都會崩潰，但因為肚子裡有個孩子，必須好好活下去，以維持彼此的生命（笑）。媽媽說：「請吧，鑰匙給你」。媽媽經常說：「妳爸爸真是可憐，就只因為被像我一樣的人迷住了。」一般而言，聽到這句話的人都會說：「是這樣嗎？應該是相反吧？」若深入挖掘，瞭解媽媽是一個怎麼樣的人，就能徹底理解這件事，知道「她的為人就是這樣」。

相較之下，爸爸非常博愛，不管對誰都能獻出感情，而且不分男女。不過，遇到像媽媽這樣的人，進而變成夫妻，對他來說是一件很重大的事。雖然他曾經想要離婚，但媽媽一直存在於他心裡的某個角落，這件事可能有好有壞（笑）。他應該很想逃走吧，應該也會想吶喊：「啊，救命啊」，其中應該摻混著各種不同的心情吧！

爸爸、媽媽和金錢

在我小時候，爸爸就惹出非常多的麻煩，叫人無可奈何。他經常在半夜出現，翻倒東西，大聲吼叫，真的非常惹人討厭，那對我來說的確是一種精神創傷，因為我幾乎沒看過正常的爸爸。不過，我也不想單方面地責怪他，或許是爸爸沒有勇氣，只有在喝醉酒闖進家裡時，才有辦法面對家人。我孩提時候就一直在想，他也有脆弱的一面。

媽媽遇上爸爸後，完全沒跟爸爸拿過一分錢，甚至在結婚前，就幫他把過去欠的債都還了。當我們質問爸爸時，他說：「如果我有錢，我就自己還了！」（笑）。他應該也有有錢的時候，只不過一有錢，就會把錢花在身邊的人身上。比如帶他們去喝酒，他也跟我說過：「禮金最少要包五十萬吧！」當時我嚇了一跳。我說：「我沒聽過這樣的數字。」他回答：「因為我身在演藝圈。」

很清楚的一件事是，爸爸雖然跟媽媽要了很多錢，但與其說他用那些錢來滿足自己的欲望，倒不如說，他都拿來回饋身邊的人。當然，這是一個非常拙劣的方法，而且很自私，但他會說：「那個人有困難」、「和我在一起時，讓他稍微過點好日子」、「特別是這個時候，一定要拿出禮金。」

媽媽所花的每一分錢都經過仔細計算，但爸爸完全無法計算（笑）。我不斷跟媽媽說：「如果妳不給他錢，不就可以改掉他奢侈的毛病了嗎？」但媽媽說：「沒關係，要改變他的個性太難了，這是我負責任的方法，也可以說，是我自己喜歡他、遇上他，是我自己要結婚的……」

如果把爸爸丟著不管，他就會去跟身邊的人借錢。我不知道媽媽幫爸爸還了多少債，每次還債時，她都會說：「求求你們不要再借錢給裕也了。」債主也笑了。因為，只要想到太太會還錢，就可以安心把錢借給爸爸了。

現在，因為父母都去世了，是一個我必須再度成長的時間點。「結果我被許多人問了有關父母的事，然後要我寫出來」，有點陷入既要成長，又要回頭看這種進退兩難的困境。雖然不是媽媽的附屬品，但有時我會覺得無法自立，不，應該說一生都無法自立。這麼一來，又該如何面對這樣的處境？在過程中，我慢慢瞭解「這是我個性的一部分」。關於我的父母，我必須再花一點時間去消化，沒錯，我拿到了一份很大的功課（笑）。

和爸媽三個人一起到歐洲旅行

也哉子小姐從幼稚園到小學六年級是唸國際學校，高中時到瑞士留學。

上國際學校並不是接受所謂的精英教育。當時，我的父母正在進行離婚調停，被許多媒體追逐，就算想讓我上日本一般的幼稚園，也會被拒絕說：「在這種吵鬧的狀態下，我們沒辦法讓妳就讀。」所以媽媽說：「說得也是，上日本的學校，身分就曝光了。」如果全部都是外國人，誰也不感興趣，而且也不認識。為了應付當下的困境，我被送進了國際學校。

因為日文很差，六年級時，我讀了半年的日本小學，在中學時進入日本的公立中學。後來，我進了都立高中，剛好在那個時候，不良少年非常流行，我們學校位在六本木，每天都喧鬧到半夜，大家一直在想怎樣才能玩得更瘋狂，但我並不覺得那樣的活動有什麼好玩，所以非常孤獨。

後來我想到「如果可以用原文看懂自己很喜歡的法國電影，應該很棒。」所以想去可以同時學習一直學到小學六年級的英文和法文的國家。和媽媽討論過後，她說：「我可以出錢，但妳要自己找學校、想辦法。」於是我便開始拜訪各國大使館。

我去了法國、加拿大和瑞士這三個以法文為官方語言國家的大使館。結果，瑞士大使館的態度最好，於是我便選了瑞士，然後跟媽媽說：「我決定了，請妳出錢。」她說：「好。」並為我付錢。

媽媽非常老派。她曾說：「結婚之後，就要侍奉婆家的人。」不過，她也有堪稱是「反骨精神」這種完全相反而極端的一面。她不怕變化，一旦想清楚了，就完全不理會社會輿論，堅持到底。當十六歲的女兒突然說「想學法文」，一般父母通常不會乾脆地說：「好啊，我幫你出錢，你去吧！」而是說：「至少等高中畢業之後再去」，但在我們家，「想到的時候就是最佳時機」。

瑞士的高中畢業後，和父母一起三人同遊歐洲。

這是第一次，也是最後一次我們三個人一起旅行，那真是一趟壓力破表的旅行

（笑）。我沒想到爸爸會來，在日內瓦參加完畢業典禮後，我們去了義大利的威尼斯，並且住在拍攝電影《魂斷威尼斯》的飯店，然後又去了巴黎，但我每天都在哭（笑）。爸爸曾經在六十年代獨自住在巴黎，所以想讓我們看看當時住的旅館、常去的餐廳。不過，因為已經過了幾十年，那些旅館和餐廳已經不見或找不到了。接下來，不到五分鐘，爸爸就開始找麻煩了。

爸爸會說：「那個服務生的態度很差」，或是用很破的英文說：「fucking、fucking」。因為我懂英文，所以我對他說：「不要說那個字。」、「對方只是沒時間熱情招呼你」。但爸爸膽子很小，只要他一覺得「對方瞧不起他」，就很想威嚇對方，讓人家覺得「他很偉大」。

爸爸確實沒有瞧不起任何人，所以，只要稍微覺得「別人瞧不起他」，事情就會變得很嚴重。他希望和他人保持對等關係，而且也會無理地要求對方：「我這麼尊重你，你也應該同樣尊重我吧！」

我說：「媽，我再也不要參加這種旅行了。」她也只說了一句：「我應該也不會吧！」（笑）

向爸爸報告要與本木雅弘先生結婚

在回國的飛機上，當飛機在成田機場降落時，我跟坐在隔壁的爸爸報告：「我決定和本木先生結婚。」事前我已經跟媽媽說過了，但媽媽說：「妳要當面跟你爸爸報告這件事。」但因為旅行途中一直在吵架，所以我在降落時才跟爸爸說。結果爸爸有點慌張的說：「妳為什麼在這個時候說這件事！」我說：「因為沒有時間說啊！」真的是一場鬧劇。

媽媽說：「一定要給爸爸面子，跟他說：『是爸爸介紹給我的本木雅弘先生』。」的確，本木先生是爸爸介紹給我的。我們家會一年一次在父親節這天和爸爸約見面。在我十五歲那年，爸爸放了我們鴿子，隔天，喝醉酒的爸爸打電話來，連一句：「昨天真是不好意思」都沒說，直接說：「我正在六本木喝酒，妳也來吧！」於是爸爸把我叫去六本木的壽司店。

去了之後，我發現爸爸企畫的電影《從魚吃到戴奧辛》的製作團隊都在那裡，本木先生也在。我雖然是爸爸找來的，但他卻說「妳坐到那邊」（笑）。然後，爸爸為我們介紹：「這是本木」、「這是也哉子」。隔年，本木先生擔任美國奧斯卡金像獎直播節目的記者，本木先生的經紀公司社長說：「小也哉，妳喜歡電影吧？而且也會說英文對吧？要不要來打工？」我說：「好啊，我想打工。」然後就去了。

當時，我們兩人一起走紅毯。那是由《沈默的羔羊》拿下多座獎項的一九九二年。在那之後，我們又因為《送行者》一片而走上頒獎典禮的紅毯。

因為我在瑞士留學，分開時我們交換了彼此的地址，之後便開始通信。隔年，本木先生到瑞士的學校找我。

所以，的確是爸爸為我們締造了緣分。媽媽建議我：「如果妳說是爸爸介紹我們認識的，他就不會反對了。」所以我也就照著說了（笑）。

跟留學一樣，我以為爸爸會反對我結婚，因為，當時我才十九歲，剛決定好要唸哪一所大學。跟媽媽討論時，我說：「本木先生說他想結婚。」媽媽頓時猶豫了一下，她說：「不能嫁給圈外人嗎？」不過，當我說：「因為我是獨生女，本木先生說『願意入贅內田家』。」的時候，媽媽便說：「真的嗎？那實在太感謝了！」極力贊成我們結婚。

本木先生的老家連續十六代都是農民，媽媽說：「他是幾百年以來都在同樣的地方，持續種著對人類來說極為重要的稻米和蔬菜的人的子孫？」又說：「雅弘先生擁有這麼好的基因。」她最中意的應該是這一點。和大自然一起，不斷重複、累積每日工作的精神和耐力，媽媽非常推崇這種謙沖的偉大。

這麼一來，媽媽就不再猶豫了。我說：「那大學怎麼辦？」她說：「書隨時都可以唸吧！」一般來說，孩子好不容易才考上大學，父母通常都會反對，但媽媽卻認為：「在人生的這個時間點上相遇，又說想結婚，應該每個人都會願意吧！」當她跟我說：「照顧小孩需要體力，最好趁著年輕的時候，唸書或工作可以晚一點再說。」我再次覺得：「這個人真的很難捉摸。」我本來以為「應該會遭到反對」的每一件事她都支持的說：「不錯啊！」與我預期的完全相反。但也因為如此，我在十幾歲的尾聲就踏入全新的世界。

所以，包括這件事在內，我現在依然會不斷提醒自己，要找到平衡點。一旦依賴媽媽，所有的事都會有意外的發展，讓人感到非常不安。從小時候開始，我就會想「媽媽雖然那樣說，但那樣真的比較好嗎」，然後一邊調整自己的想法。

我懂得媽媽的道理。一般人的心理是，如果被父母過度強迫，就會想擺脫父母的規則。所以，如果只會刺激小孩的話，還不如抱持「只要不對別人造成困擾，做什麼都無所謂」的原則。

我從幼稚園就開始拿菜刀了，就算切到手，媽媽也只會說：「啊，切到了。」我也曾經差一點把手伸進火中，結果媽媽說：「很燙吧？」、「既然知道很燙，就不要再摸了。」在沒有扶手的樓梯，她會讓我把身體探出去，然後說：「這樣就會掉下去囉！」大家都覺得媽媽可以不用這麼誇張，但她讓我用肉體學會這些事。當我差一點在路上跌倒時，她也不會說：「危險」。如果我跌倒了，擦傷膝蓋，她就只會說：「我不是說在這樣的地方要走慢一點嗎？」不，我完全無法像她那樣，如果沒有相當的覺悟，實在很難當人家的父母。

媽媽和本木先生的相處

樹木女士曾經說：「我和本木先生在注重細節這一點上非常相像」

是這樣嗎？他們在一絲不苟這一點上，確實非常相像，雖然表現方式截然不同（笑）。本木先生因為十五歲就進入演藝圈，當然有一點和世俗脫鉤的地方（笑），但基本上，面對他人時的想法和價值觀，以及處事原則，都非常規矩。

所以，媽媽會問本木先生很多事。「關於這件事，我是這麼想的，你覺得呢？」聽了本木先生的回覆後，她點著頭說：「原來如此，原來如此。我懂了，謝謝，謝謝，再見。」然後回到自己的房間，看到這副情景，我覺得非常開心。當然，雙方也會毫不客氣地發生細微的口角，不管是關於演戲，還是對事情的價值觀，他們都會熱烈討論。

「這只適合用在樹木女士身上吧！」「不，你不可以這樣窄化自己。」有時也會出現這樣激動的對話。

因為認同對方，在重要時會詢問彼此的意見。在原田真人導演執導的《日本最長的一天》中，邀請本木先生飾演昭和天皇這個角色，本木先生說：「這個角色分量太重了，我在猶豫是否應該婉拒。」但是媽媽看了劇本之後說：「這是原田先生拍的電影，而且這個角色絕對適合本木先生。她建議原本打算婉拒的本木先生接下這個角色，最後，本木先生就接下這個工作了。當然，有的時候媽媽也會跟他說：「這個角色不演也罷！」。

媽媽也經常徵詢本木先生的意見：「本木先生，你看一下這個，你覺得如何？」因為本木先生不是那麼善於社交，在外面也沒什麼朋友，結婚後二十五年以來，基本上不是那麼需要別人。因為去工作時必須和許多人碰面，所以私生活中想盡量遠離人群。但他說，媽媽非常特別，她的敏銳和特色是獨一無二的，所以非常依賴她。即使是現在，一有煩惱，他還是會喃喃唸著：「如果是樹木女士的話，會怎麼說呢？」

曾經無法接受媽媽的婚姻觀和家庭觀

我過去無法接受媽媽的婚姻觀和家庭觀，我一直在想，媽媽想守護的家，或者說想建立的理想家庭，究竟是什麼模樣？畢竟從一開始，內田家就只是個名義上、形式上的存在。因為她這個人有著傳統的一面，所以會說：「一旦做出決定，就要負起責任，維護內田家。」然後又笑著說：「不過，因為內田先生不在，雖然木本先生從木本家來到內田家，內田家還是空蕩蕩的。」但她是真的認為「就算丈夫不在，讓這個家持續下去還是有它的意義」。

相較之下，我的立場是「如果媽媽這麼堅持，我就接受這樣的堅持」。不管是我還是本木先生，我們對「婚姻該有的模樣」都沒有特定的想像，所以我們覺得「只要最堅持守護內田家的媽媽開心，我們就採取那樣的風格。」

只不過，結婚後我才發現，本木先生的父母非常在意本木先生因入贅而改了自己的姓氏。剛開始那幾年，我也覺得非常抱歉，曾經多次和媽媽討論：「媽媽，拜託你，我可以入籍本木家了嗎？」但媽媽說：「他媽媽應該已經不在意了吧？」

隨著歲月的流逝，我的公公和婆婆似乎也感受到雅弘入贅到內田家的有趣之處。這是經過一段時間之後，我才深刻感受到的。他們說：「雅弘也在用他自己的方法，努力支撐著內田家。」而且想法上也轉變成「我兒子好努力啊！」，或許公公和婆婆會認為自己的兒子「提供了很好的協助」（笑）。

雖然如此，但我還是繼承了爸爸的血脈。當他惹出嚴重事端時，只要聽到身邊的人說：「妳爸爸做了這樣的事、做了那樣的事。」我就會跟媽媽說：「為什麼我們要把這樣的人當作我們家的象徵呢？」但她每次都會堅定地說：「因為他是妳爸爸，妳尊敬他也是理所當然的吧！」就這樣結束對話。即使到現在，我內心的某個角落還是有些疙瘩，會想「這對夫妻到底是怎麼回事。」

不過，讀了出現在媽媽喪禮上的爸爸過去寫的那些信，我的心情有了轉變。不管是怎麼樣的男女，在邂逅時都會有那樣的浪漫情懷，但因為身為女兒的我在成長過程中，絲毫沒有見過那種愛情的痕跡，所以會覺得這對夫妻只是在守護著一個名義或形式上的婚姻，也因此會很焦急地認為「他們的心早就不在這裡了」。

我心裡老是想「你們怎麼不早點離婚呢？」但是，因為媽媽的信念太過堅定，我只能無奈接受。晚年，在兩人逐漸老去的過程中，爸爸說：「幸好我們沒有離婚。」就算只聽到這句話，身為子女的我還是有一種得到救贖的感覺。

站在我父母的角度，有孫子是一種非常不可思議，或者說是無可言喻的喜悅。就因為他們這麼堅持地守護著內田家，所以才會有這些孩子，想像著孩子們的未來時，腦海中浮現的或許是爸爸毫不猶豫地說出「幸好我們沒有離婚」這句話的瞬間。

我能夠善用從爸媽身上承接的東西嗎

因為媽媽才剛去世沒多久，每天都有許多人跟我聯絡，想以文字或影像報導媽媽的事。若用媽媽的話來說，就是「如果妳覺得有趣，就要幫忙對方」，既然要做，就不要覺得「討厭」或「丟臉」，而是要下定決心，認真思考哪個部分有趣，這才是關鍵。當然，雖然不是每件事都很開心，但現在正是帶著具有彈性的觀點，讓我的「度量」變得更深的時刻。

老實說，因為每天都很忙亂，不太可能只透過幾個鐘頭的訪問，就把媽媽的事都講完，再者，這件事對我來說衝擊太大，與自我對話的時間也不夠，但相對的，或許未來會有成熟的時機。不過，我覺得媽媽有機會讓石飛先生進行最後的長時間採訪，是一種緣分。這次，承蒙石飛先生的好意，讓我得以快速回顧媽媽的人生，不過，內心仍有一絲無法擺脫的不安。

媽媽很重視「知足常樂」這件事。與其去追求遙不可及的東西，還不如好好面對適合自己身分的事。我的父母相繼去世，伴隨著失落和絕望的心情，在成為孤單一人的當下，我心裡浮現出「從現在開始該怎麼辦」的激動情緒。往後，我知道如何運用從爸媽身上得到的東西嗎？我能善加利用嗎？我有預感，這對我來說將是一個很大的轉捩點。媽媽過去的教誨深藏我心，雖然我不是個言出必行的人，但我正在摸索，希望自己可以以媽媽為目標，從現在開始，學習成為一個謙虛高尚的人。

後記

結束樹木女士與也哉子小姐的採訪

二〇一八年春天，為了報紙的連載，我花了三天的時間採訪樹木女士。我們聊了面對工作的態度、婚姻生活、養育子女的方法，以及疾病和生死觀等話題。她所說的每一句話都與社會一般價值觀大相徑庭，讓平庸的我十分震撼。我建議「把這些內容寫成書」，但話才說完就被樹木女士否決了：「不要做成書。」於是我立即打消主意的說：「我知道了，我們不寫成書」。

第三天，我們在西麻布的餐廳結束第三天的採訪後，一起走向六本木。她揮著手說：「我要去剪頭髮了，再見，保重喔！」但她走進去的並不是藝人們愛去的時髦美容院，而是路邊一家非常普通的理髮院。

半年後，樹木女士去世了。在理髮院前和她道別，成了我們最後一次見面。一如前言所述，採訪第一天，樹木女士向我們坦承她的壽命所剩無幾。她說：「什麼都可以問。」一瀕臨死亡的樹木女士打算說出一切，把這次採訪當作是自己的遺言。但是，報紙的連載只刊載了極少的一部分，如果讓這份稿子就這麼放著，實在是一項罪過，我想和更多人一起分享我所感受到的激動。

樹木女士說了很多關於她的獨生女也哉子小姐的事，而也哉子小姐又是如何看待自己的母親呢？父親內田裕也剛隨著母親去世的也哉子小姐勉為其難地接受採訪。她用遺傳自母親的語感，和我們談了自懂事之後到最後的照護這段期間，這是對樹木女士的精彩回應。本書出版得有些匆促，希望下次可以請也哉子親筆寫下樹木女士的事。

本書完成之後，我會把它拿到樹木女士的墓前，向她報告：「樹木女士，抱歉，我們還是把它編輯成書了。」

石飛德樹

二〇一九年七月八日

HEART
心|視野　心視野系列 069

走在，沒人想去的地方

樹木希林離世前的最後採訪

この世を生き切る醍醐味

作　　者　樹木希林
採 訪 者　石飛德樹
譯　　者　吳怡文
總 編 輯　何玉美
責任編輯　王郁渝
封面設計　謝佳穎
內文排版　顏麟驊

出版發行　采實文化事業股份有限公司
行銷企劃　陳佩宜・黃于庭・馮羿勳・蔡雨庭
業務發行　張世明・林踏欣・林坤蓉・王貞玉・張惠屏
國際版權　王俐雯・林冠妤
印務採購　曾玉霞
會計行政　王雅蕙・李韶婉・簡佩鈺
法律顧問　第一國際法律事務所　余淑杏律師
電子信箱　acme@acmebook.com.tw
采實官網　www.acmebook.com.tw
采實臉書　www.facebook.com/acmebook01

ISBN　978-986-507-138-7
定價　330元
初版一刷　2020年6月
劃撥帳號　50148859
劃撥戶名　采實文化事業股份有限公司
104臺北市中山區南京東路二段95號9樓
電話：（02）2511-9798
傳真：（02）2571-3298

國家圖書館出版品預行編目資料

走在，沒人想去的地方：樹木希林離世前的最後採訪／樹木希林著；吳怡文譯．-- 初版．-- 臺北市：采實文化，2020.06
272面；14.8×21公分．--（心視野系列；69）
譯自：この世を生き切る醍醐味
ISBN 978-986-507-138-7（平裝）
1. 樹木希林　2. 演員　3. 傳記　4. 訪談
783.18　　109006143

KONOYO WO IKIKIRU DAIGOMI

Originally published in Japan in 2019 by Asahi Shimbun Publications Inc.
Traditional Chinese translation rights arranged with Asahi Shimbun Publications Inc., Tokyo through Keio Cultural Enterprise Co., Ltd., New Taipei City.

采實出版集團
ACME PUBLISHING GROUP